읽다가
밤새는
웹소설의
비밀

스텔라 Stella

현직 7년 차 금손 편집자. 업계 대형 출판사 출신의 웹소설 전문가.
웹소설 쓰는 법을 궁금해하는 친구들에게 조언하던 것에서 시작하여, 다양한 수작을 발굴, 참여한 경험을 바탕으로 웹소설 클래스를 오픈. 온/오프라인에서 수천 명의 작가와 지망생들을 만나며, 만점에 가까운 수강 후기를 나날이 갱신 중이다.
실제로, 저자의 가이드로 글을 처음 써서 계약 및 출간하고 있는 수강생들이 나날이 늘고 있으며, 2020년 네이버 웹소설 공모전에서는 저자의 코칭을 받은 작품 중, 수상·최종심·본심 진출작들도 나왔다.
종종 감사 인사와 데뷔 후기를 듣는 것으로 힘내서 일하는 중. 수강생들과 함께 이야기 산업을 하드캐리하는 것이 꿈이다. 커뮤니티에서 수강생들을 위한 챌린지와 스터디를 활발하게 진행하고 있다.

읽다가 밤새는 웹소설의 비밀 : 금손 편집자가 알려주는 로맨스 웹소설의 성공 매뉴얼

발행일	2021년 07월 22일 (1판 1쇄)
지은이	스텔라
발행인	김윤환
출판 총괄	유진
발행처	(주)탈잉
신 고	2020년 2월 11일 제2020-000036호
주 소	서울특별시 강남구 테헤란로 625 6층
이메일	books@taling.me
전 화	070-4694-3906
팩 스	02-6305-1607

홈페이지	www.taling.me	페이스북	@taling.me
블로그	blog.naver.com/taling_me	인스타그램	@taling_official

ⓒ 스텔라, 2021
ISBN 979-11-974316-2-3 (03800)

* 책값은 뒤표지에 있습니다.
* 잘못된 책은 바꾸어 드립니다.

이 책은 저작권법에 따라 보호받는 저작물이므로 무단전재와 무단복제를 금하며,
이 책의 전부 또는 일부를 이용하려면 반드시 저작권자와 (주)탈잉의 서면동의를 받아야 합니다.

| 머리말 | 나도 한 번 써볼까? 싶은 당신에게 | 006 |

제 1장 웹소설, 넌 대체 뭐니?

김 대리가 회사 때려치우고 작가가 된 이유	012
그래서 얼마를 번다고?	018
웹소설의 생태계, 장르와 플랫폼	022
플랫폼별 잘나가는 장르는 따로 있다	040
작가 데뷔 프로세스	046

제 2장 웹소설, 뭘 써야 하지?

아웃풋보다 중요한 인풋	054
잘 팔리는 작품에는 이유가 있다	060
본격 작가가 되기 위한 마인드셋	070
시장성, 취향, 스토리텔링의 상관관계	084

제 3장 전문가가 알려주는 지름길

웹소설에도 혈액형이 있다	090
웹소설 타입 1 관계	096
웹소설 타입 2 컨셉	100
웹소설 타입 3 영화	106
타입별 잘 맞는 장르	110

제 4장 케미 쩌는 남주 & 여주 만들기

쫄깃한 로맨스는 두 주인공으로부터	116
키워드로 보는 남주 타입	118
키워드로 보는 여주 타입	124
살아 움직이는 인물 조각하기	128
조연은 3그룹으로	136

제 5장 밤새워 읽게 되는 플롯의 비밀

플롯 : 뼈대 세우기	144
끊을 수 없는 쫄깃함 더하기	164
훅 끌어들이는 도입부	170

제 6장 바로 쓸 수 있는 글쓰기 공식

소설이란? 장면의 배치!	178
이것만은 피하자! 독자들이 싫어하는 전개	186
시선을 사로잡는 대사의 비밀	190
찰떡 같은 서술과 묘사	196
지뢰 찾기! 흔히 하는 실수들	206
이렇게 쓰면 계약 실패! 규칙 지키기	212

제 7장 도전! 연재 & 계약

무료 연재를 해보자	220
눈에 띄게 해줄 연재 3요소	224
연재 시 주의 사항	234
컨택이 왔다면?	238

제 8장 피가 되고 살이 되는 조언들

두고두고 피해야 할 함정	246

맺음말   세상을 1g 더 달콤하게   252

나도 한 번 써볼까? 싶은 당신에게

이 책을 펼쳐 든 여러분이라면 분명 어딘가에서 이런 이야기를 들어 보았을 것이다. 같은 대학생인데 친구 누구누구가 취미로 글 썼다가 학자금을 다 냈다는 얘기. 나와 같은 대학생인데, 무슨 재주로 벌써 비슷한 나이에 저렇게 앞서가는 걸까? 웹소설? 그게 그렇게 간단한 거야?
옆 부서의 김 대리는 맨날 야근하는 것 같더니, 어느 날 갑자기 회사를 때려치운단다. 알고 보니 짬짬이 쓴 웹소설이 대박 나서 월급보다 더 버는 본업이 됐다고 한다.
광고용 문구처럼 느껴지지만, 실제 수강생들로부터 종종 듣는 이야기이기도 하다. 아마 여러분 역시 이런 생각을 해봤을 것이다.

아, 나도 때려치우고 싶은데. 내가 잘하는 일은 뭐가 있지?
난 뭘 하면 행복할까.

그럼 자연스레 이런 생각으로 이어졌을지도 모르겠다. 나도 어릴 때 귀여니 소설 같은 거 너무 재밌게 봤는데. 대여점에서 판타지, 무협, 만화 등을 보며 한참 푹 빠졌던 시절이 있었는데. 아이돌 팬픽 쓰면 댓글 수십 개는 기본이었는데. 이런 생각.

어쩌면 이미 로맨스 웹소설을 읽으며 아, 재미있다. 나도 써보고 싶어. 혹은, 이 정도면 나도 써볼 만하지 않을까? 하고 생각했을 수도 있겠다.

장르소설의 생리는 간단하다.
<mark>독자로 시작해서 주야장천 읽다가 그 장르의 팬이 되고, 나도 한 번 나만의 이야기를 써보고 싶어진다.</mark> 회사의 곽 대리가 날 점점 빡치게 해서, 머리 감을 때마다 빠지는 머리칼이 늘어나는 것 같아서, 내가 좋아하는 드라마가 알고 보니 웹소설 원작이라더라. 하는 기사를 접해서, 같은 이유들이 더 박차를 가했을 수도 있다.
분명한 것 하나는 언젠간 나도 저렇게 되고 싶어! 나도 내 이야기를 하고 싶어! 하는 꿈이 있다는 것이다. <mark>이야기를 사랑하던 사람들은 늘 가슴 한편에 그 무언가를 품고 산다.</mark>
저자 역시 그런 시간을 거쳐 왔다. 장르소설을 너무 사랑해서 출판 시장에 뛰어들었고, 브랜드를 기획하고, 직접 사랑하는 작품을 컨택하고 다듬고, 시장에 내놓아 잘되는 것을 보며 함께 뿌듯하던 시간들. 담당 작품이 잘되는 것을 보며 보람 있던 시간들을 거치는 과정에서 작품 보는 정확한 시야를 키우게 되었다.

주위의 작가가 되고 싶다고 하는 친구들을 도와주고, 그 내용을 정리해 수업을 하게 되면서부터는 사람들이 뭘 하고 싶어 하는지, 어떤 방식으로 하면 좋을지, 어떻게 해야 잘할 수 있을지를 끝없이 고민하게 되었다. 그 수많은 고민들의 결과를 정리하고 묶어서 이 책에 담았다.

바야흐로 웹소설 전성 시대다.
이야기 시장은 점점 커져, 이제 국내의 내로라하는 대형 플랫폼이나 서점이 웹소설 카테고리를 취급하는 것은 당연한 일이 되었다. 웹소설 원작의 웹툰화, 영상화와 그 결과물의 수출 등이 활발하게 이뤄지면서 시장은 점차 더 확대되고 있다.

이 책은 웹소설은 무엇일까? 나도 글을 한 번 써보고 싶은데, 어디서부터 어떻게 시작해야 하지? 고민하는 초보들을 위해서, 그리고 이미 나름대로 글을 써보긴 했는데 생각만큼 결과가 잘 나오지 않아 지쳐 가고 있는, 혹은 내 주위는 다 잘되었는데 나만 이런 거 같아서 갑갑해지는, 기성 작가들을 위해서. A to Z까지, 나침반 역할을 할 수 있도록, 엑기스만 꾹꾹 담아 만들어졌다.

저자가 편집자로, 브랜드 기획자로, 심사위원 참여로 수년을 일하면서 쌓은 데이터와 그 결과치를 끝없이 반영하며 다듬어 온 내용이다. 작품 여럿 써 본 사람들에겐 아는 이야기인 것들도 있겠지만, 그럼에도 '내가 헤매고 있다'고 느껴지는 순간이 있다면 분명 도움되는 부분이 있을 것이다.

부디, 가고 싶은 길을 헤매지 않고 도착할 수 있기를,
내 꿈을 사람들에게 열어 보일 수 있게 되기를,
그렇게 해서 각각의 이야기가 색색깔의 빛을 띠고
세상에 펼쳐질 수 있기를 바란다.

스텔라

> 어쩌면 이미 로맨스 웹소설을 읽으며
> 아, 재미있다. 나도 써보고 싶어.
> 혹은, 이 정도면 나도 써볼 만하지 않을까? 하고 생각했을 수도 있겠다.
>
> A to Z까지,
> 나침반 역할을 할 수 있도록, 엑기스만 꾹꾹 담아 만들어졌다.

1장

웹소설, 넌 대체 뭐니?

김 대리가 회사 때려치우고 작가가 된 이유

1) 웹소설이 왜 이리 핫할까?

웹소설이 핫하다는 건 이제 두말하면 입 아프다.
중요한 건 왜 핫한가? 하는 것. 이유를 하나씩 알아보자.

첫 번째. 핸드폰으로 보는 소설이다

핸드폰으로 소설을 본다는 건 주로 접근이 쉽고 간단한 글을 본다는 이야기다. 때문에 주로 매출이 나고 조회수가 높게 나오는 시간대는 출퇴근 시간과 자기 전이다. 우리가 주로 핸드폰을 들고 잠깐 딴짓을 하는, 바로 그 시간대란 뜻이다. 이런 시간대에 사람들이 작정하고 인류의 미래와 관련된 무거운 주제의 영화나 다큐멘터리 등을 보려고 할까? 그럴 리가 없다.

오늘도 직장에서 시달리다가 야근이 될락말락한 시간에 지쳐 집에 들어와, 가방 집어 던지고 캔 맥주 하나 딱 까면서 보고 싶은 글. 그게 웹소설의 기본 속성이다. TV 프로그램으로 치환하자면 다큐멘터리보다는 예능에 가까울 것이다. 사람들의 스트레스를 풀어주고 재미를 주는 게 목적이니까.

너무 어렵게, 그럴싸하게, 멋있게 쓰려고 할 필요가 없다. 조금씩 차이는 있지만, 가벼운 장르일수록 순수문학 같은 길고 멋들어진 문장이 오히려 독자들에게 외면받을 수 있다. 당장 우리가 인터넷 뉴스 등을 볼 때 글이 많은 것은 읽기 귀찮아지는 것과 같은 맥락이다.

두 번째. 웹소설은 '소설'이라기보다 '이야기'다

웹소설이 '소설'이라는 껍데기를 쓰고 있는 통에 접근하는 방법에서 헛발질을 하는 분들을 아주 많이 보았다. 필력, 물론 중요하다. 글이기 때문에 확실히 일기나 에세이, 하다못해 보고서라도 많이 써 본 경험이 있으면 유리한 것은 분명하다. 그러나 웹소설의 본질은 그게 아니다.

우리가 흔히 소비하는 미디어들, 유튜브, 인스타그램, 혹은 인터넷 게시판의 핫한 글들조차도 굉장히 흡사한 공통점을 가지고 있다. 그것은 지금 세계를 관통하는 흐름이기도 하다. 바로 '스토리텔링'이다.

웹소설은 소설의 포맷을 차용했을 뿐 본질은 스토리텔링이다. 때문에 소설이라는 단어에 집중해서 필력, 뛰어난 묘사력, 순문학적인 상징성과 재치 등을 대입할 필요가 없다.

네이트판 같은 데서 '판춘문예'라는 신조어가 탄생하는 배경도 다르지 않다. 그 글을 쓴 사람들이 평소 무슨 대단한 필력을 가지고 있어서 수만 명이 그 글을 읽게 만드는 게 아니다. 스토리텔링이 재미있기 때문이다. 그리고 이 스토리텔링은, 우리가 일상에서 항상 지겹도록 하고 있다. 바로 친구와 수다를 떨면서.

전 남친이 바람 피웠던 이야기를 하면서, 회사 상사가 갑질해서 때리고 싶었다는 이야기를 하면서, 시어머니가 이러이러한 진상을 부렸다는 이야기를 하면서. 혹은 즐거웠던 소개팅 자리를 이야기하면서, 친구에게 연애 조언을 해주면서, 우리는 늘 스토리텔링을 빌어 말하고 있다. 이걸 소설의 포맷으로 옮겼을 뿐이다.

그러니 겁먹지 말자. 손해 볼 것도 없고 자본이 드는 것도 아니다. 누구나 다 하는 사랑 이야기, 거기다가 내가 꿈꿔 왔던 좋은 점만 모아 놓은 남주를 내 맘에 들게 써보면 되는 것이다. 어려울 게 없다.

세 번째. 웹소설 시장은 e-book 시장이다

일반 에세이, 자기계발서 등의 시장과 웹소설, 장르소설 시장은 전혀 다르다. 웹소설 시장은 종이책 시장이 아니라 거의 e-book 시장이라고 보면 된다. 그리고 이미 읽고 있는 분들은 알겠지만, e-book은 어마어마한 장점을 가지고 있다.

일단 실물 종이책이 아니기 때문에 독자들이 부담 없이 몇십 권, 몇백 권도 구입할 수 있다는 것. 이것은 반대로 말하면 출판사에서 제작비, 물류비, 마케팅비 등에 쓸데없는 돈을 지출할 필요가 없다는 의미다. 독자들 입장에선 구매에 대한 장벽이 낮아져 쉽게 접할 수 있게 되고, 작가와 출판사는 자원 낭비 없이 작품에 집중할 수 있게 된다.

또한 예전 대여점 시절에는 종이책이라 한 권 단위였다면, 지금은 한 화씩 쪼개 놓은 연재 시장이 압도적이다. 물론 여전히 단권 시장도 존재하지만 연재 시장이 메인이라고 보면 된다. 평균적으로 예전 종이책 1권이 연재 시장의 25화 정도 분량이다.

그럼 예전 대여비가 700~800원 정도였던 데 반해 이미 한 권 대여비가 100 * 25 = 2500원이 된다. 심지어 종이책 대여는 아무리 많이 빌려줘도 작가에게 이익이 돌아오는 구조가 아니었다. 그러나 e-book 시장은 대여하는 만큼 다 정산이 된다. 이미 여기서부터 작가의 수익이 달라지는 걸 확인할 수 있다.

정산 비율 역시 종이책과 매우 큰 차이가 있다. 종이책 시장은 보통 인세가 7%, 잘해 봐야 10% 정도이기 때문에 사실 종이책으로 돈을 번다는 건 매우 어렵다. 게다가 내수 시장이 꽤 작기 때문에 보통 책 하나가 3천 부 정도 나갔으면 잘 팔린 축이라 하는 수준이다. 이미 계산이 나온다.

그러나 웹소설, e-book 시장은 수수료를 제한 순수익 기준으로 작가와 출판사의 수익 분배가 평균 7:3 정도다. 작가가 가져가는 수익이 압도적으로 많다. 한 편에 100원 받아서 어느 세월에 돈을 벌어? 하고 생각할 수 있지만 이 100원이 쌓이는 금액이 생각보다 크다. 카카오페이지의 경우 앱 다운로드 수가 천만이 넘고, 좀 괜찮다 하는 작품들에는 수십만의 독자 수가 찍힌다.

정말 티끌 모아 태산이 될 수 있다. 이게 지금처럼 웹소설 작가가 돈을 많이 번다더라, 잘나간다더라, 하는 이야기들이 나오는 이유다.

이런 이유들로 본업을 하고 남는 시간에 글을 써서 투잡으로 작가 생활을 하는 분들도 아주 많다. 심지어 덕업일치까지 할 수 있는데 자본도 들지 않으므로, 시도해봐서 손해 볼 것이 없는 분야다.

네 번째, 작품이 쌓이면 쌓일수록 연금이 된다.

요즘 유행처럼 '파이프라인'이라는 단어를 너도나도 쓰는데, 웹소설은 완결 작품 수가 늘어나면 늘어날수록 나름의 파이프라인을 형성한다. 작품들이 서로를 견인하는 역할을 하는 것이다.

신작을 낼 때마다 예전에 냈던 구작들이 함께 팔리고, 또 기존 작품이 출판사 프로모션 등으로 재푸쉬를 받기도 하면서 재판매가 되는 연동 현상이 일어난다. 혹은 2차로 웹툰이나 웹드라마로 제작되었을 경우 원작을 보기 위해 유입되는 팬도 많아진다. 그러다 보면 어느 순간부터는 작품을 한동안 쓰지 않더라도 구작들이 여러 플랫폼들을 돌면서 안정된 수익을 가져오게 된다.

예전에 재미있게 봤던 종이책 작품들이 최근 e-book 시장에 풀리는 것을 많이 볼 수 있는데, 바로 이런 이유에서다. 작품은 완결만 내면 언제가 됐든 돈이 되니까. 또 재미있는 이야기란 결국 유행과 크게 상관없이 돌고 돌기 때문이다.

때문에 기성 작가들 사이에선 첫술에 너무 욕심내지 말라는 조언과 함께, 쓰다 보면 언젠가는 잘 되는 작품이 나온다는 이야기, 대박난 하나의 작품이 평타 친 다섯 작품을 먹여 살린다는 말이 나온다. 요는 기본을 갖추고 나면 시장의 선택을 받는 건 시간 문제라는 뜻이다.

장르소설을 좋아하고 사랑한다면 한 작품만 쓰고 때려치우지 않는 이상, 첫술에 너무 실망하거나 낙담하지 않고 내가 쓰고 싶은 걸 쭉 써 나간다면, 웬만해서는 잘된다는 이야기이기도 하다.

Stella

로맨스 웹소설 현직 편집자의 코치

업계에 수년을 있으면서 확인한 아주 명확한 진실은 이것이다.
==내가 좋아해서, 팬이라서, 쓰고 싶은 걸 쓰는 사람들은 결국엔 잘 된다는 것.==
거짓말 같지만 진짜다.

그래서 여러분이 웹소설을 쓰고 싶다면, 무턱대고 글을 쓰기보다 꼭 현재 잘 나가고 있는 작품들을 보면서 눈을 키우고 애정을 쌓기를 바란다. 해당 장르의 팬이 되라는 뜻이다. 그것이 가장 첫 번째 단추이다. 이게 채워지지 않고선 아무것도 시작할 수 없다.

일례로 거대 자본이나 큰 회사, 서점 등이 줄줄이 웹소설 시장에 진출하는 데 비해 성적이 부진하다는 걸 느낀 경우가 종종 있었을 것이다. 실무진이 웹소설과 친하지 않아서 그런 결과가 나오는 경우가 많다. 결국 장르소설과 관련된 일을 하고자 한다면 장르소설을 사랑할 것, 이것이 첫 번째 전제가 된다.

1) 웹소설 작가의 수익 수준

그럼 진짜 웹소설 작가는 얼마를 벌까? 사실 가장 궁금한 부분일 것이다. 결론부터 얘기하자면 작가의 수입은 케바케. 차이가 워낙 심하다. 어느 바닥이나 그렇듯 상위권의 작품들은 한 달에 수천만 원이 우스울 만큼 돈을 쓸어 담고, 하위권의 작품들은 근근이 먹고살 정도, 그보다 안 좋다면 용돈이 될 정도의 돈이 벌린다. 그럼에도 전체 시장의 수익성을 본다면 상당히 유의미하다.

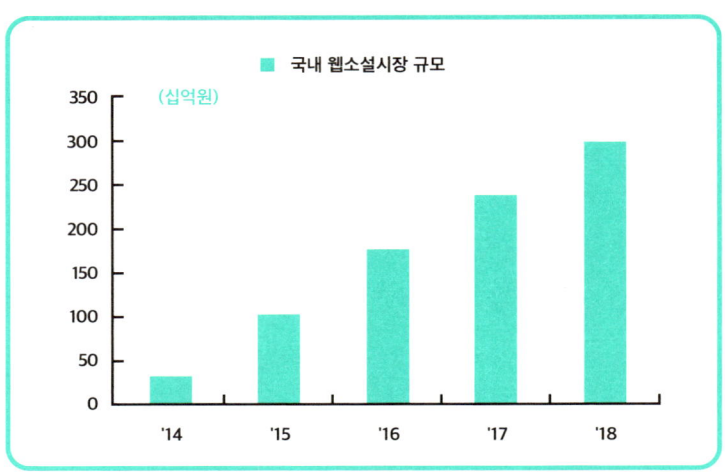

한국콘텐츠진흥원에 따르면, 국내 웹소설 시장은 2013년 100억 원대에 불과했던 수준에서, 2019년 5000억 원대를 기록하며 50배 이상을 성장했다.

네이버의 <재혼황후> 누적 매출은 50억을 넘었고, 카카오페이지의 <템빨>은 누적 매출이 100억을 넘었다고 한다. 웹소설은 연재를 끝낸 이후 한 권씩으로 묶어 전자책으로 판매되는데, 여기에서 나오는 매출 역시 무시할 수 없는 수준. 뿐만 아니라 웹툰, 드라마, 영화화 등의 원소스 멀티유즈가 활발하게 이루어지면서 작품 하나로 만들어낼 수 있는 가치는 점점 확장되고 있는 추세다.

직접 접한 사례들을 꼽자면 중학생인 작가가 연재처에서 베스트에 올라 어머니와 함께 계약하는 경우도 있었고, 20대인 작가들이 외제차를 소유한 경우도 드물지 않게 보았다. 금액만 보았을 때의 가장 높은 수익은 3일 만에 1억 매출을 찍은 케이스였다.

물론 이것은 성공한 사례들에 대한 이야기이고, 기사에서도 보이듯 그런 작가들만 있지는 않다. 이제 막 시작하려는 초심자라면 더욱이 성공하지 못한 케이스를 눈여겨봐야 하는 게 사실이다.

다만 저자가 이야기하고 싶은 것은 단순 성공 사례의 나열도, 실패에 대한 주의도 아니다. 그저 장르소설과 웹소설을 사랑하고 언젠가 글을 쓰고 싶었던 꿈이 있다면, 큰 욕심 없이, 당장의 어떤 위험 부담을 짊어지지 않더라도, 그 꿈을 꺼내어 보라고 하고 싶은 것이다.

무에서 유를 창조한다는 점, 자본이 들지 않는 일이라는 것, 오로지 팬심으로 도전 가능하다는 것은 여전히 웹소설의 대단한 매력 요소이니까. 더불어 내 작품을 다른 사람들이 봐준다는 것 자체가 굉장한 에너지가 되기도 한다. 이것은 나아가 자아실현의 영역이기도 하다. 꿈을 이루는 것과 이어지기 때문이다. 사랑하는 일을 하면서 살기 어려운 세상에, 내가 쓰고 싶은 글로 즐거운 기분을 느끼고 독자들의 반응을 즐기고 거기에 돈까지 번다면 금상첨화이지 않을까?

실제로 수강생들이 '잊고 있던 꿈을 찾은 기분이다', '퇴근 시간이 기다려진다', '글을 쓰는 게 행복하다'고 하는 경우가 많은 것 역시 이런 이유라 생각한다.

다만 주의해야 할 것은, 무조건 대박 작가가 되어야지! 하고 시작하면 안 된다는 점이다. 꿈과 희망에 차서 높은 곳을 보고 시작하는 건 좋은 일이지만, 이 경우 기대치가 너무 높기 때문에 남들보다 훨씬 빠르게 지치게 되는 수가 있다. 실제로 그런 경우가 정말 많다.

첫 작부터 대박이 나는 경우, 물론 많다. 다른 업계에 비한다면 상당히 높은 확률이다. 그러나 이걸 알아야 한다. 그렇게 대박 나는 작가들은 대부분이 엄청난 이 장르의 팬이며, 알게 모르게 쌓여 있던 인풋이 어마어마할 거라는 것, 또 여러분이 모르는 어딘가에서 끊임없이 글을 써 왔을 확률이 높다는 것.

때문에 오로지 돈을 벌어야겠다는 목적만으로는 시장에 덤벼들지 않기를 바란다. 웹소설은 기본적으로 독자로서의 팬심을 바탕으로 하는 만큼, 작가로서 활동할 때도 내가 웹소설을 사랑하지 않으면 힘들다. 현 시점에서 잘나가는 작가들 중 많은 수가 장르소설을 좋아하다 보니 점점 실력이 늘어 결국 성공하고, 그로써 돈을 벌게 되는 것을 많이 보았다.

여러분이 정말 초짜이고, 심지어 웹소설을 별로 읽어 보지도 않았다면 갈 길이 멀다. 하고 싶은 이야기가 이미 있다면, 더더욱 천천히 가는 것을 권한다. 우리가 하려는 것은 '좋아하는 일을 하는 것'이고, 돈을 벌거나 유명해지거나 하는 것은 거기에 부수적으로 따라오는 것일 뿐이기 때문이다.

자, 마인드셋이 어느 정도 되었다면 다음 장으로 넘어가보자.

이제 정말 웹소설이 어디서 판매가 되는지,
어떤 장르들이 있는지를 알아볼 차례다.

웹소설의 생태계, 장르와 플랫폼

1) 어디서 판매될까?

플랫폼은 현재 대표적으로 4개가 있다. 이 '대표적'이란 것은 여러분이 작가가 되었을 때 출판사에서 최우선으로 작품을 입점시킬 우선 순위의 네 곳이라는 의미다.

네이버

네이버 포털 사이트 내의 코너로 웹툰/웹소설이 운영되고 있다. '네웹소'라는 준말로도 많이 불린다. 그리고 사실 가장 많은 분들이 네웹소를 접하면서 웹소설을 알게 되었을 것이다.

네웹소를 기성 작가들은 네이버 정연(정식 연재라는 뜻)이라고 부른다. 정식 연재라 함은 요일을 정해 주기적으로 작품이 올라가며, 기본적으로 무료이며, 매달 고료가 입금된다는 의미이다.

즉 정해진 분량을 올리면서 네이버로부터 월급처럼 고료를 받는 것이기 때문에 많은 작가들이 안정성 면에서는 최고로 치는 곳이다. 미리보기 등의 부가적인 수익도 기대할 수 있고, 네이버 자체가 국민 플랫폼이다 보니 제작사의 눈에 들어 드라마, 혹은 영화화가 될 수도 있다는 이득은 덤이다. 네이버라는 이름값 덕분에 어디 가서 당당하게 자랑할 수 있다는 것도 장점이라면 장점.

다만 네웹소는 지금까진 비교적 시장적인 방향에서 살짝 벗어나 있었다. 네이버 자체적인 심사가 영향을 많이 끼쳤기 때문일 수도 있고, 좀 더 여러 장르를 포괄하려는 목적이나 작품적 다양성을 아우르려는 의도로 인해 그랬을 수도 있을 것이다.

덕분에 다소 개성적인 작품들도 종종 있었고, 전반적으로 드라마 시나리오 같은 분위기의 작품들이 많았다. 다시 말하지만 이것은 날것의 시장성과는 결이 조금 다르다. 그러나 이제 네이버도 분위기가 변했다. 기존에는 다양성과 자체적인 심사를 중시했다면 이제는 독자들의 반응을 더 중요하게 보기 시작한 듯하다.

네이버는 현재 일반적인 로맨스가 가장 잘나가고 있는데, 이 일반적인 로맨스를 장르소설에서는 '현대로맨스(줄여서 현로)'라고 부른다. 그리고 현대로맨스의 메인 플랫폼은 지금까지는 리디북스였다. 즉, 네웹소는 앞으로 리디북스와 비슷한 방향으로 변모해 갈 확률이 높다. 전국민 플랫폼이라 19금을 대놓고 밀 수는 없겠지만, 중요한 알맹이만 빠진 야한 분위기(?)는 독자들이 좋아하는 방향성이기에 점점 더 그런 쪽으로 가게 될 것이다.

그래서 만약 목표가 '반드시 네이버에 입성하는 것'이라면 네웹소의 작품만 보지 말고 가급적 리디북스의 작품들을 함께 참고해보길 권한다. 더불어 그와 별개로 점점 영상 시장이 확대되고 있기 때문에, 원천 소스인 웹소설에 좀 더 세부적인 카테고리들이 늘어날 가능성도 있다. 추리, 미스터리, 스릴러(줄여서 추미스)를 좋아한다면 슬슬 시동을 걸어 볼 타이밍이다.

시리즈
네이버에서 만든 웹툰/웹소설 전문 플랫폼이다. 네이버 정식 연재 작품들은 기본적으로 무료지만 시리즈는 유료 플랫폼이다. 여러 작품들을 잘 팔기 위한 다양한 마케팅이 화려하게 진행되는 곳. 근래 유명 배우들을 앞세운 시리즈의 광고가 입소문을 타고 있기도 하다.

카카오페이지
명실공히 장르소설판의 업계 1위 플랫폼이다. 연재 시장을 가장 먼저 개척한 선두 주자로, 그 유명한 '기다리면 무료(줄여서 기무. 무료로 오픈된 초반 몇 편을 보고 나면, 일정 시간이 지난 후 1편을 무료로 추가 오픈해주는 시스템. 세부적인 디테일은 여러 가지가 있다.)'를 최초로 도입했다.

몇 년 전에 비해 시장 자체가 워낙 커지다 보니 이젠 성적이 상당히 좋아야 기무에 들어갈 수 있게 되었다. 경쟁이 치열한 만큼 작품에 대한 자신감이 있다면(기무를 들어갈 수 있거나, 혹은 여러 가지 프로모션을 받을 수 있다면) 들어가면 좋지만, 그게 아니라면 다른 곳으로 빠지는 것이 나을 수도 있다.

리디북스
리디북스, 하면 두 가지 키워드를 중심으로 생각하면 된다. 하나는 종이책처럼 통째로 판매하는 단권 판매 메인이라는 것. 즉 1화, 2화가 아닌 1권, 2권이 메인인 시장이다. 또 하나는 비교적 성인 지향(19금) 플랫폼이라는 것.

플랫폼별 특성은 잘 팔리는 장르와도 밀접한 연관이 있는데, 다음 장에서 상세히 설명하도록 하겠다. 주로 카카오페이지의 작품들을 가볍고 유치하다고 느끼거나, 기다리는 것에 지친 독자들이 리디북스로 빠지는 경우가 많다.

기타 유무료 플랫폼

카카오스테이지(오픈 예정), 톡소다, 예스24, 북팔, 로망띠끄, 원스토어, 미스터블루, 조아라, 북큐브, 미소설, 포스타입 등이 있다.

2) 어떤 장르들이 있나요?

위 플랫폼들을 설치해서 들어가 봤다면 뭔가 눈치챘을 것이다. 바로 대부분의 플랫폼 카테고리가 다 비슷하다는 사실. 비교적 다양성을 포괄하는 네이버 웹소설을 제하고는 카카오페이지, 시리즈, 리디북스 등 시장성의 선두에 서 있는 플랫폼들 모두 메인 장르 카테고리가 다 비슷하다. 현재 장르소설 시장의 메인 장르는 다섯 가지로 나뉜다.

판타지, 무협, 로맨스, 로맨스판타지, BL.

메인 카테고리가 왜 다섯 개밖에 없을까? 시장의 생리는 아주 간단하다. 이 다섯 개의 장르만 팔리기 때문이다. 나머지 미스테리, SF, 스릴러, 백합(여자x여자의 동성애를 기반으로 한 장르) 등은 하나의 파이를 형성할 만한 수요 기반이 미미하다. 즉, 플랫폼 입장에서 보자면 '안 팔리는' 장르다. 시장성에 특화되어 있는 플랫폼은 당연히 '잘 팔리는' 장르에 맞춰 카테고리를 만든 것이다.

장르는 성별에 따라 양분되어 있다. 이것을 분류해서 여성향, 남성향이라 부른다. 여성향이란 여자들이 주로 생산, 소비하는 글이고, 남성향은 남자들이 주로 생산, 소비하는 글이다.

남성향은 판타지, 무협이고 여성향은 로맨스, 로맨스판타지, BL이다. 주로 남성향을 묶어서 판무라고 부르기도 한다. 누군가 판무라는 말을 쓴다면 단순히 남성향을 뜻하는 단어라고 이해해도 틀리지 않다. 그럼 하나씩 자세히 들여다보자.

판타지

대여점 시절부터 판타지를 봤던 분들은 알 것이다. 기본적으로 판타지라는 장르가 어디서 왔는지를. 그리고 지금의 판타지와 그때의 판타지는 아주 많이 다르다는 것도.

판타지는 서양에서 넘어온 세계관으로, 간단하게는 <반지의 제왕>이 대표적이다. 엘프, 드래곤, 요정, 정령, 마법 등이 나오는, 현실과는 다른 차원을 기반으로 한다.

다만 지금은 이 판타지라는 것도 기존 판타지 세계관을 어느 정도 답습하는 '정통 판타지'와, 현대를 배경으로 판타지 요소만 가져다 쓰는 '현대 판타지(줄여서 현판이라 부른다)'로 나뉜다. 이 경우 만년 낙제생이 초능력을 얻어 시험 답안을 전부 맞힌다거나, 고시원을 전전하던 음대생이 어느 날 갑자기 천재 작곡가가 된다거나 하는 식이다. 혹은 현대에 갑자기 몬스터가 등장하면서 어벤저스 같은 초능력자가 되기도 한다. 그리고 시장성만으로 따지자면 정통 판타지보다 현판이 훨씬 시장성이 높다.

이유는 단순하다. 어딘지 모르는 판타지 세계보다는, 현실 배경에서 원하는 것을 보여주는 편이 훨씬 더 독자들이 이입하기 쉽고 만족도를 높여 주기 때문이다.

무협

무협은 기본적으로 중국을 배경으로 한 작품을 떠올리면 이해가 쉽다. 누구나 살면서 한 번쯤은 본 적이 있을 것이다. 하늘을 날고, 허공과 수면 위를 걷고, 장풍을 쏘거나 검을 휘두르는 중국의 영화 혹은 드라마의 장면을. 흔히 알려진 <천녀유혼>이나 <동방불패> 같은 작품에서도 늘 쓰이는 소재인 '무협'이 한국으로 건너와 조금 바뀐 한국식 무협이라 보면 된다.

그냥 가상의 중국을 배경으로 하는, 무공을 쓰는 장르구나~ 하고 이해하면 된다. 다른 장르들도 마찬가지지만 무협은 특히 암묵적인 세계관이 정해져 있기 때문에 이 장르에 뛰어들기 위해서는 세계관에 대한 이해가 필수적이다. 그리고 당연히 가장 좋은 방법은 잘 팔리는 무협 작품들을 읽는 것이다.

판타지와 무협을 남성향이라고 얘기하는 이유는 단순하다. 남성향이란 장르 자체가 남자들이 원하는 것을 보여주는 소설이기 때문이다. 판타지나 무협이나 기본적으로 이야기하는 방향은 대부분 비슷한데, 굉장히 주인공 위주로 이야기가 전개되며 주인공이 특별한 능력을 얻어 남들보다 우위에 서게 되는 것이 주요 골자다. 간략하게 말하자면 실제 한국 사회의 남자들이 원하는 것을 스토리를 빌어 보여주는 거라고 생각하면 된다.

남자들이 뭘 원할까? 잘생긴 외모, 부와 명예, 영 앤 리치. 이런 것들이 떠오르지 않는가? 정답이다. 대다수의 스토리는 주인공이 특별한 능력을 얻어 잘나가고, 남들보다 우위에 서고, 겸사겸사 효도도 하고, 주위에는 주인공 멋있다고 따라다니는 여자들이 있고, 이런 주인공 중심의 서사로 이루어져 있다. 주인공의 재능과 목표, 그 목표를 이뤘을 때의 보상 등이 따라오는 것은 덤이다. 예를 들면 이런 식이다.

> 주인공은 말단 직원이다. 그런데 어느 날 자다가 이상한 꿈을 꾼 이후 특별한 초능력이 생긴다. 주위 사람들은 아무도 그걸 모르는데, 이때 회사에 엄청난

> 위기가 닥친다. 사람들이 우왕좌왕하며 '이 사태를 어떻게 해결하지?' 하는데, 주인공은 '어쩔 수 없지, 이럴 때는 내가 나서 주는 수밖에.' 하고 초능력을 이용해서 이 사태를 해결한다.
> 주위에서는 난리가 난다. '김 대리가 이렇게 대단한 사람이었어? 엄청난데?' 하면서 모두가 놀라워하고, 주인공은 별거 아니라면서 가볍게 응수한다.
> 이후에 주인공을 대하는 주변인들의 태도가 바뀌기 시작한다. 지금까지 차갑게 대하던 여직원 A씨가 내 책상에 커피를 올려놓고 사라진다. B씨가 같이 식사를 하자고 제안하기도 한다. 아, 인기인은 피곤하다. 날 고깝게 보던 박 과장을 눌러 버리는 것은 덤이다.
> 결국 초능력을 잘 활용해 회사에서 고속 승진을 하게 된다. 성공했으니까 이제 고생하신 부모님 모시고 여행도 간다. 인생이 아름답다.

어떤 느낌인지 감이 오는가? 이런 류의 이야기가 남성향 작품들의 대략적인 성향이다.

기존의 대여점 판타지를 재미있게 보던 여성 독자들이 지금의 판타지를 썩 좋아하지 않는 이유도 여기에 있다. 예전의 판타지가 판타지 세계 이야기를 재미있게 하는 것 자체가 목적이었다면, 지금의 판타지는 오로지 '남자들이 원하는 것을 보여주는 것'에 초점이 맞춰져 있기 때문이다.

물론 이런 취향이 어느 정도 통하는 여성 독자들의 경우 여전히 판타지, 특히 무협을 즐겨 보는 경우가 있다. 다만 예전과는 경향성이 상당히 다르고, 그래서 기본적으로 판무에서 여성 독자들은 상당히 소수라는 것을 알고 넘어가도록 하자.

그럼 이번에는 여성향을 보자. ==여성향이란 무엇일까? 여자들이 보고 싶어 하는 이야기다.== 그렇다면 뭐가 나올까? 잘생기고 근육도 뽐뽐하는 데다가 돈까지 많은데 세상 오로지 여주한테만 잘하는, 현실에 존재하지 않는 유니콘 같은 남주가 나온다. 여주가 자기 분야에서 능력을 펼치거나 주위 사람들로부터 사랑받는 건 덤이다.

이것이 여성향의 기본 메인이다. 그래서 판타지 무협과 반대로, 남자들이 여성향 웹소설을 보면 대부분 재미가 없다. 여자들이 원하고 좋아하는 것에 공감할 수 없기 때문이다.

여성향은 로맨스, 로맨스판타지, BL로 구분된다. 여기에서 추가로 19금의 분류가 존재한다. 로맨스에서도 소프트 버전과 19금 버전이 나뉘고, 로맨스판타지, BL 역시 마찬가지이다. 그리고 기본적으로는 19금이 들어간 작품이 시장성이 더 높다. 같은 작품이라면 19금 버전이 더 잘 팔린다는 이야기다. 자세히 들여다보자.

로맨스

가장 흔하게 접하는 장르일 것이다. 드라마, 영화 등을 막론하고 아주 오래전부터 전 세계적으로 계속 소비되어 온 장르이기도 하니까.

웹소설에서의 로맨스는 주로 '현대로맨스'를 가리키는 것으로 줄여서 '현로'라고도 불린다. 그 외 사극 로맨스라는 세부 장르가 있기는 하지만 기본적으로는 현실 세계의 로맨스를 기준으로 하는데, 살면서 숱하게 많이 보아 왔을 드라마와 크게 다르지 않다.

그렇다 보니 네웹소를 주로 보던 수강생분들의 경우 유독 드라마 같은 로맨스를 써오는 경우가 종종 있는데, 여기에는 함정이 있다. 바로 드라마와 웹소설은 포맷의 차이가 상당하다는 것. 이 '드라마 같은 로맨스 소설'은 주로 네이버 쪽에서 먹히는 스타일이었다. 그러니까 기존에는. 위의 플랫폼 소개에서 설명했듯 네웹소는 이제 드라마 같은 스타일에서 보다 시장 친화적인 방향으로 움직이기 시작했다.

그럼 시장 친화적인 방향이란 무엇일까? 기본적으로는 19금이 들어가느냐 아니냐의 차이가 있다. 또 하나는 '여자들이 보고 싶어 하는 것에 얼마나 더 집중하느냐'의 차이다. 아주 중요한 이야기다. 왜냐면 기존 드라마를 기준으로 삼아 버리는 경우 굉장히 쓸데없는 장면을 많이 쓰게 되기 때문이다. 쓸데없는 장면이란 독자들이 그리 집중해서 보지 않는 부분, 이를테면 가족끼리 시간을 보내거나, 친구와 대화하거나, 술 마시는 장면 등이다.

반대로 집중해서 보게 되는 부분은 어디일까? 아주 간단하다. 키스신, 썸 타는 장면들, 남주와 여주가 엮이는 설레는 부분. 우리가 드라마를 볼 때 집중해서 보는 그 부분들이 웹소설에서는 훨씬 더 집중적으로 조명을 받는다.

드라마는 영상으로 보여줄 수가 있고 배우들의 연기 등 다른 요소들이 복합적으로 있기에 그런 부분이 문제가 되지 않지만 텍스트는 다르다. 아무 생각 없이 보고만 있어도 떠먹여 주는 영상과 달리 글은 독자가 집중해서 읽어야만 한다. 그렇기 때문에 웹소설은 훨씬 더 독자의 욕구에 충실하다. 19금 작품이 시장성이 더 높은 이유와 같은 맥락이다.

정리하자면 현대로맨스는 19금이 더 잘나간다는 것! 흔히 보던 드라마보다 훨씬 더, 독자들이 보고 싶어 하는 부분에 초점이 맞춰져 있다는 것!

로맨스판타지

로맨스판타지, 말 그대로 로맨스+판타지의 결합이다. 판타지 세계를 기반으로 로맨스를 보여주는 장르다. 줄여서 로판이라고도 종종 불린다. 하지만 여기서 말하는 판타지 세계관이란 남성향의 판타지와는 차이가 있다. 드래곤, 마법 등의 판타지 요소가 나온다는 점에서는 같지만, '중세 유럽 궁정 사회'를 중심으로 이야기를 풀어 간다는 점이 다르다. 간단하게는 '가상의 중세 유럽 궁정 사회를 기반으로 한, 판타지 요소가 첨가된 로맨스'라고 이해하면 정확하다.

그렇다면 의문이 생길 것이다. 대체 왜 군이 서양풍, 그것도 중세 유럽일까? 로맨스판타지를 처음 접하는 경우 장르 자체에 대한 의문을 가지는 일이 종종 있다. 우선 기본적으로 한국의 장르소설 자체가 '판타지'에서 시작했기 때문이라는 이유가 있다. 더불어 내용적인 면에서는, 로맨스에 판타지적인 요소를 첨가하면 우리가 맨날 보던 이야기도 훨씬 신선하게 할 수 있기 때문이라는 이유가 있다.

이런 변화는 생각보다 오래전부터 이어져 왔는데 드라마로 한 예를 들면 <시크릿가든>의 경우가 그렇다. 사실 남녀의 영혼이 바뀐다는 건 말 그대로 판타지니까! 그럼에도 판에 박힌 로맨스를 훨씬 재미있게 보여줄 수 있었고, 이후에도 드라마에서 판타지 요소를 차용하는 경향은 점점 더 두드러져 왔다.

로맨스판타지의 본질도 이와 크게 다르지 않다. 보여주려는 것은 로맨스지만, 단지 판타지적인 요소를 첨가하여 신선하게 만들었을 뿐! 결국 핵심은 로맨스에 있는 것이다. 어떠한 수단을 이용하느냐의 차이일 뿐이다. 그러나 이런 설명으로 접하는 것과 실제 소설을 보고 이해하는 것은 천지 차이가 있기 때문에 이 장르를 쓰고자 한다면 역시, 반드시 직접 읽고 이해해야만 한다.

로맨스판타지는 크게 나누자면 동양풍, 서양풍이 있다. 그리고 전연령과 19금으로도 나뉘는데, 기본적으로 '서양풍+전연령'이 로맨스판타지 장르의 주력이라고 생각하면 된다. 전반적으로 로맨틱코미디 분위기를 표방하는 가벼운 글이 대세이다.

동양풍의 경우 말 그대로 동양적 세계관을 바탕으로 한 로맨스판타지인데, 줄여서 동판 또는 동로판으로 종종 불린다. 기존의 사극 로맨스와 비교하자면 좀 더 가벼운 편이고, 주로 가상의 세계를 배경으로 한다는 점이 다르다. 때문에 각국 각 시대의 궁중 문화, 계급, 직위 등이 여럿 혼재

되어 쓰이는 경우도 종종 있다. 또한 사극 로맨스는 역사에 기반한 것이라 역사적 개연성을 좀 더 엄격하게 따지는 반면, 동양풍 로판은 어차피 가상의 세계 기반이기 때문에 좀 더 자유롭게 쓸 수 있다는 특징이 있다. 만약 동양풍을 쓰고 싶다면? 가급적 전연령 버전보다는 19금의 성인 버전으로 쓰는 것을 권한다. 위에서 이야기했듯 로판은 대부분 '서양풍+전영령'이 연재 시장을 압도하고 있기에 틈새 공략이 필요하다. 19금 시장으로 빠질 경우 동양풍은 그다지 약점이 되지 않는다.

Stella

로맨스 웹소설 현직 편집자의 코치

로맨스판타지(서양풍)의 세계관은 생각보다 심플하다.

배경이 제국이라면 황제-황후, 황자(황태자), 황녀가 있고 일반 국가라면 왕-왕비-왕자, 왕녀(공주)가 있다. 귀족 계급은 천편일률적으로 공작-후작-백작-자작-남작 순이며, 귀족이 아닌 이에게 공을 치하해 작위를 수여하는 경우 귀족과 평민 사이의 '준남작'이라는 작위를 쓴다. 가끔 대공이 나오는데 공작과 황족 사이쯤의 특별 계급이라 보면 된다. 남주는 대부분 황태자에서 백작 사이로 많이 등장하고 그 이하는 거의 없다.

각 귀족들은 다스리는 영토(영지)가 있으며 그 이하 계급으로 평민, 천민, 더 가면 노예도 종종 등장한다. 작품에 따라서 젠트리 계층(평민과 귀족 사이의 중산층 계급)이 등장하는 경우도 있다.

그 외로 귀족의 수발을 드는 계층은 시녀, 시종(주로 주인보다 낮은 계급의 하위 귀족이다. 예로 '공주'의 시녀라면 공작 영애, 백작 영애인 식)이 있고 그 아래 하녀, 하인(허드렛일 하는 평민 계급)이 있다.

귀족들이 하는 일은 대부분 영지 운영 및 자잘한 사건사고를 처리하거나 티 파티와 연회, 살롱 문화를 즐기고 사냥 대회나 무투회 등에 참가하는 정도, 이만한 지식이면 충분히 이해할 수 있는 수준이다. 사실 판타지 세계관이라 없는 행사를 얼마든지 만드는 것도 가능하다.

체크 포인트!

① '판타지 중심'의 로맨스판타지를 쓰는 경우

기존 대여점 시절의 판타지를 좋아하던 여성 작가들이 로맨스판타지를 쓰는 경우가 종종 있는데, 이 경우 로맨스보다는 판타지에 무게 중심이 실리게 되는 경우가 있다. 그런데 주의할 점이 있다. 로맨스판타지의 근본적인 속성에 대해서다.

로맨스판타지가 판타지적인 세계관을 쓴다고 하나, 기본적으로 하려는 이야기는 현대로맨스와 맥이 똑같다. 남주는 무조건 존잘이고 CEO 또는 전문직이어야 하는 것과 마찬가지로 로맨스판타지의 남주도 황태자, 공작, 백작 등의 권문세가여야 한다는 점(심지어 이쪽은 정말 계급 사회)이다. 여기서 중요한 지점은 '판타지'에 있지 않다. '로맨스'에 있다. 여주 판타지라고 해도 마찬가지다. 이 경우 로맨스의 비중이 낮아질 수는 있으나, 기본적으로는 결국 '남주가 얼마나 잘났느냐', 더불어 '여주가 얼마나 특별한가'에 초점을 맞춰야 한다. 판타지 요소는 그것들을 돋보이게 하기 위한 부가적인 요소일 뿐이다.

아주 중요한 이야기다. 이것을 오해하면 겉껍데기는 로맨스판타지이지만 실제로는 이도 저도 아닌 애매한 작품을 쓰게 되는 경우가 생긴다. 알고도 쓰는 거라면 이야기가 다르지만, 모르고 쓰는 경우 정말 거하게 헛발질을 할 수 있기 때문에 각별히 주의해야 한다.

혹여나 정말 여주 중심의 서사를 쓰고 싶다면, 시장성이 입증된 여주 판타지를 꼭 몇 작품 읽어보고 뛰어들기로 하자. 자칫 잘못하면 여주 판타지도 로판도 아닌 애매한 무언가가 나올 수 있으니까.

② 동서양이 혼재된 로맨스판타지를 쓰는 경우

역시 장르의 이해도가 부족할 경우 동서양이 혼재된 세계관을 쓰게 되는 경우가 있는데 그다지 권하는 방향이 아니다. 왜냐면 기존 로판 독자들은 이미 '로판=서양풍 or 동양풍'이라고 답을 내린 상태이기 때문이다. 동서양이 섞여 있는 세계관은 너무 생경하기 때문에 거부감을 일으킬 확률이 높다. 초반 장벽이 높다는 것으로 이해하면 된다. 그리고 웹소설에서 초반 장벽이 높다는 것은 내 글을 읽어줄 사람이 우수수 떨어진다는 것을 의미한다.

<mark>장르를 잘 구분하는 건 아주 중요하다.</mark> 여러분이 중간 어딘가에 발 걸친 작품을 쓰게 될 경우 카테고라이징 자체가 애매해질 수 있기 때문이다. 예를 들면 현대 배경인데 판타지 요소가 다량 섞인, 혹은 현실과 판타지 세계를 아예 오가는 글을 쓴다고 쳐 보자. 분위기는 또 가벼운 로코에, 연재에 맞는 빠른 호흡의 글이라고 가정해보자. 그리고 이 작품으로 카카오페이지에 들어가고 싶다고 해보자. 이 경우 어떤 문제가 생길까? 플랫폼 측에서는 이 작품을 현대로맨스로 구분해야 할지, 로맨스판타지로 구분해야 할지 알 수 없어진다. 판타지 세계가 나오니까 로맨스판타지라고 칠까? 하고 로맨스판타지에 넣어준다면 로맨스판타지 카테고리에 들어오는 독자층은 이미 처음부터 기존의 로맨스판타지에 길들여져 있는 독자들이다. 그리고 <mark>장르소설의 독자는 작품에 대해 고민하고 고찰하는 것을 귀찮아하는 성향이 아주 강하다.</mark> 스트레스 풀려고 보는 글인데 여기에 추가적인 에너지를 쓰는 것 자체가 싫기 때문이다.

그렇다는 이야기는, 모두가 다 아는 비슷한 판에서 그냥 '이야기'만 즐기고 싶어 한다는 것이다. 암묵적으로 약속된 무대 위에서 '인물만 다르고 전개만 다르기를' 바란다. 그럼 이런 독자들이 여러분의 작품을 봤을 때 어떻게 생각할까?

'이건 뭐지? 로맨스판타지라기엔 너무 스타일이 다른데? 이 작품만의 세계관이 있네? 아, 그럼 읽으면서 공부하고 이해해야 되잖아. 귀찮은데? 그리고 내 취향인지 아닌지도 모르겠고. 에이, 다른 작품 보자!' 이렇게 생각할 확률이 아주 높다. 간단히 말해 타깃팅에 실패하게 된다는 것이다.

이것들이 바로 계속 누누이 강조하는 '많이 읽어야 하는 이유'다. 이렇게 중간 장르 어딘가에서 헤매는 수강생, 지망생들이 아주아주 많다. 타깃팅에 실패한 작품은 순식간에 저 아래로 내려가 독자들의 눈에 띄지 못하고 묻히게 된다. 여러분이 열과 성을 다해 열심히 쓴 작품이 제대로 빛도 보지 못하고 사라지게 되는 것이다. 너무도 안타까운 일이 아닌가. 여기에 좌절하여 지레 포기해 버리는 지망생들도 종종 보았다.

그러니 부디, 그 중간 어딘가에 끼어 사그라들길 바라지 않는다면 반드시 장르에 대한 이해를 기본으로 하고 들어갔으면 한다. 진짜 꼭! 저자가 자꾸 장르의 팬이 되어야 한다고 강조하는 이유이기도 하다.

BL

마지막으로 BL을 보자. BL이란 무엇의 약자일까? 이미 많은 분들이 짐작하듯이 Boy's Love의 약자. 즉 남자 X 남자 간의 동성애를 뜻한다. 같은 맥락으로 '백합'이라고도 말하는 여자 X 여자 동성애 장르는 GL이라 불린다. 줄여서 벨이라고도 부른다.

BL의 출발지는 쉽게 짐작할 수 있듯이 팬픽이다. 기본적으론 '내 최애 옆에 다른 여자가 있는 꼴은 볼 수 없어! 너희끼리 사귀어!'라는 생각에서 출발한 장르라고 보면 된다. 그래서 기존에 팬픽을 쓰다가 BL 작가로 전향하게 되는 경우가 종종 있는데, BL에는 여자 주인공이 없기 때문에 주인공(공)/주인수(수)로 역할이 나뉜다. 공이 로맨스의 남주 포지션, 수가 여주 포지션이라고 보면 된다. 물론 그렇다고 정말 여자처럼 군다는 것은 아니니 주의하자.

BL의 큰 특징 중 하나는 로맨스에 존재하는 정서적인 틀에서 자유롭다는 것이다. 정서적인 틀이라 함은 우리가 흔히 보던 아침 드라마에서 은 연중에 노출되어 있는 '여주는 착하고, 끝은 결국 해피엔딩이고, 권선징악이 꼭 이루어져야 하고….' 하는 식의 암묵적인 룰을 이야기한다.

자유로운 이유는 BL이 남자X남자이기 때문. 여성 독자들이 로맨스를 볼 때처럼 여기에 자신을 대입해서 보지 않고, 비교적 제3자 입장에서 작품을 보게 되기 때문이기도 하다. 독자들이 한결 더 관대하다는 뜻이다.

그렇다 보니 새드엔딩, 피폐한 분위기, 심하게는 SM적인 요소까지도 어느 정도 허용이 된다는 특성이 있다. 정말 독특한 세계관이거나 스릴러, 추리, SF 같은 다소 마이너한 장르 요소를 가져온다고 해도 마찬가지다. 일반 로맨스나 로맨스판타지에 비해 상당히 자유롭다.

소싯적에 팬픽 좀 읽거나 썼다면, 혹은 기존의 로맨스나 로판이 내 취향에 맞지 않고 그런 암묵적인 룰이 싫다면, BL로 선회하는 것도 좋은 방법일 수 있다. 그리고 두말할 필요 없이, BL 역시 19금이 훨씬 더 시장성이 높은 장르이다.

Stella

로맨스 웹소설 현직 편집자의 코치

매니악한 취향의 당신에게.

내 취향이 SF, 스릴러, 백합 같은 마이너 장르인 경우가 충분히 있을 수 있다. 이런 경우에는 가급적 최대한, 기존 잘 팔리는 다섯 가지 장르와 접점을 찾아보는 것을 권한다.

스릴러의 경우 로맨스와 합쳐져 '로맨스릴러'라는 새로운 틈새 장르를 만들어 내기도 했다. 물론 여전히 메인 포커스는 로맨스이긴 하지만, 그렇게라도 내가 좋아하는 장르를 끼워 넣을 수 있다는 것이 요지이다.

작가는 기본적으로 내가 쓰고 싶은 것을 써야 하는 사람이다. 로맨스, 로맨스 판타지가 잘 팔린다고 한들 내가 그런 장르를 좋아하지 않는다면 의미가 없다. 하지만 조금이라도 좋아한다면, 가급적 더 많은 독자가 읽어주는 방향으로 설계를 하자는 것이다. 웹소설 장르는 앞으로 점점 세분화되어 갈 것이기 때문에, 버틴다면 언젠가는 기회가 온다. 슬슬 플랫폼들도 세부 장르로 저변을 넓혀 보려는 움직임을 보이고 있다. 넷플릭스의 킹덤, 스위트홈, 승리호 등의 영상 콘텐츠가 크게 성공하면서 제작사들이 원천 소스가 될 웹소설을 찾아 나서기 시작한 것이다. 스릴러, 추리, SF를 사랑하는 진성 매니아 분들이라면 이제 때가 왔다. 작품을 착실히 준비하면서 기회를 보도록 하자. 최대한 자기다움을 유지하면서 때를 기다리는 것도 방법일 수 있다. 다만 최소한의 시장성은 첨가하면서 기다려 보도록 하자.

플랫폼별 잘나가는 장르는 따로 있다

1) 나와는 어떤 플랫폼이 맞을까?

메인 플랫폼과 장르를 정리했으니, 플랫폼별 잘나가는 장르를 보자.

네이버 웹소설

네웹소는 당연히 국민 사이트 특성상 기본 로맨스, 즉 현대로맨스가 대세였는데 이는 일반인들이 제일 쉽게 이해할 수 있는, 장벽이 없는 장르였기 때문이다. 지금은 현대로맨스뿐만 아니라 로맨스판타지가 어마어마하게 득세하고 있는 상황. 간판 작품인 <재혼황후>가 네이버 웹소설계를 뒤흔들면서 로맨스판타지의 유행을 앞당겼다고 해도 과언이 아니다. 어쩌면 앞으로 로판이 명실상부한 상위권으로 올라서게 될지 모른다. 예의 주시!

시리즈

시리즈는 이렇다 할 경향이라고 할 것이 두드러지지 않는다. 따지자면 카카오페이지와 리디북스 사이의 그 어딘가, 즉 카카오페이지보다는 연령층이 조금 높고, 리디북스에 비해서는 덜 노골적이라고 보면 될 것이다. 카카오페이지의 작품 스타일이 맞지 않는다고 느끼는 독자들이 빠져나오는 곳 중 하나. 네이버 웹소설, 웹툰과 연계되어 있다는 점이 장점이다.

카카오페이지

카카오페이지에서는 유독 로맨스판타지가 잘나가는데, 로코 같은 특성의 가볍게 보기 좋은 글 스타일+한 화씩 쪼개진 부담 없는 분량의 시너지 효과로 보인다. 출퇴근 시간에 슥슥 읽을 수 있다 보니 그때 매출이 많이 나는 것도 같은 이유. 대신 그만큼 경쟁도 박 터진다는 점. 그럴싸한 푸쉬나 프로모션을 받을 수 있다면 로판에서 카카오페이지만 한 곳이 없으나, 그게 아니라면 재고의 여지가 있다.

그 외로 소프트한 현대로맨스는 로판에 비하면 확실히 적고, 그 다음으로 가장 적은 게 BL이다. BL은 카테고리조차 할당받지 못했다. 물론 로맨스 탭에 들어가면 작게 'BL기무'가 있기는 하지만 본격적으로 기를 펴지는 못하고 있는 상황. 이유인즉슨 카카오페이지 이용자들 중 어머니들도 많기 때문이다(자세한 설명은 생략한다).

리디북스

리디북스가 종이책 같은 단권 판매 메인+성인 지향 플랫폼이라고 했던 것을 기억하는가? 그에 걸맞게 리디북스는 19금의 찐한 작품들이 메인이다. 장르 가리지 않는다. 현로, 로판, BL 모두 마찬가지다. 여러분이 만약 BL을 염두에 두고 있다면 리디는 거의 BL쪽 대표 플랫폼이라고 생각해도 될 수준. 첫 번째로 노려야 할 목표 대상이다.

19금을 쓴다고 해도 마찬가지. 현재 19금의 가장 대표적인 플랫폼이기도 하다. 이유인즉슨 네이버나 카카오페이지는 연령 제한이 걸려 있기 때문이다. 또 사극 로맨스나, 기존 장르에서 살짝 비껴난 조금 독특한 소재, 작품성 있고 감정적으로 깊게 빠지는, 묵직하고 여운 있는 작품들 역시 대다수가 리디에 포진되어 있다. 이런 작품들은 연재로 쪼개서 보면 그 맛이 살지 않기 때문에 단권으로 통째로 봐야 훨씬 재미있는 경우가 많다. 리디북스가 단권 판매 메인인 것과도 밀접한 연관이 있다.

게다가 19금 작품은 만원 전철 같은 데서 보기엔 부담스럽기에, 출퇴근 시간대에 슥슥 볼 수 있는 카카오페이지와 달리 이쪽은 날 잡고 읽는 경우도 흔하다. 결과적으로 타 플랫폼의 글들이 취향에 안 맞거나, 너무 가볍게 느껴지거나, 연재 자체에 피로를 느끼는 독자들은 이곳으로 몰린다.

반대로 가볍고 쉬운 작품들은 리디북스에 들어오면 다른 곳만큼 잘 팔리지 않는 경우가 많다. 그런 글은 카카오페이지나 시리즈 등에서 읽으면 되기 때문. 이런 면은 독자의 성향 차이이기도 하다. 다만 리디북스도 이제 기무(기다리면 무료, 장르판에서는 카카오와 구분하기 위해 '리다무'라고 불린다)를 도입하여, 새로운 연재 시장의 한 획을 긋는 중이다.

자, 이 시점에서 반드시 꼭 해야 하는 일이 있다. 바로 카카오페이지와 리디북스를 설치하는 것. 내가 좋아하는 작품은 '시리즈'에 더 많다고 하더라도 가급적이면 두 플랫폼을 함께 설치하기를 권한다. 셋 다 하면 더 좋다. 둘 중 하나가 설치되어 있다면, 반드시 다른 하나도 설치해야 한다. 중요하니까 두 번 말한다. 설치하시라. 지금 당장! 제발!

왜냐면 현재 장르소설 시장은 거의 카카오페이지와 리디북스의 양대 산맥이라고 생각해도 틀리지 않기 때문이다. 물론 네이버 웹소설, 시리즈의 지분도 상당히 크지만 여기서 주의해야 할 부분은 작품 경향성이다. '플랫폼별 작품 경향성.' 내 취향이 어느 쪽인지, 보통은 대략적으로라도 알고 있을 것이다. 꼭 웹소설을 읽은 게 아니더라도.

위에서 설명했지만 가볍고 쉬운, 소위 킬링타임용 작품들이 대부분 카카오페이지를 중심으로 포진되어 있다. 좀 더 무겁고 감정적인, 혹은 작품성 있거나 좀 독특한 작품들은 대부분 리디북스를 중심으로 포진되어 있다.

난 유쾌하고 꽁냥꽁냥한 로코 취향이야! 킬링 타임으로 아무 생각 없이 읽고 싶어! 라고 한다면 높은 확률로 카카오페이지가 잘 맞는다. 난 좀 감정적으로 혹 빠지고 싶고, 더불어 성인 버전의 로맨스도 보고 싶어! 라고 한다면 높은 확률로 리디북스가 맞을 것이다.

둘 다 설치해야 하는 이유는, 성향이 지금까지 본 것에만 갇혀 있을 가능성이 높기 때문이다. 일례로 초보자분들이 가장 쉽게 접하는 게 네이버 웹소설이다 보니, 저자에게 글을 써서 봐 달라고 하는 경우에 비슷한 스타일이 굉장히 흔하게 보인다. 그러나 네이버 웹소설은 전체 시장에서 본다면 일부이고, 시장성의 척도로만 따진다면 조금 거리가 있다고 이야기했었다. 우리는 더 큰 판으로 가야 하고, 더 많은 독자들이 내 작품을 읽기를 원한다. 물론 돈도 그와 비례해 따라온다.

이것은 뷔페 식당과 비슷하다. 1부터 10까지의 맛있는 음식이 있고, 그중 내 취향이 몇 번 몇 번일지 모르는데, 1만 눈에 보이니까 1만 먹겠어! 라고 하는 상황이다. 네이버 웹소설만 보았다면 반드시 카카오페이지와 리디북스도 보도록 하자.

==잘나가는 플랫폼과 작품이 괜히 잘나가는 게 아니다.== 그중에 내가 원래 알던 1보다 훨씬 맛있는 것이 얼마든지 있을 수 있다. 그렇다면 그 작품들을 내 롤모델로 삼아야 한다. 왜냐면 그 작품들은 이미 시장에서 극찬을 받으며 돈도 쓸어담는 작품일 테니까. 한식, 중식, 일식, 양식을 다 먹어 봐야 내 취향이 뭔지 정확히 알 수 있지 않겠는가. 그러니 다시 한 번 당부하건대, 꼭꼭! 두 플랫폼 모두 설치하시길. 기왕이면 셋 다!

Stella

로맨스 웹소설 현직 편집자의 코치

종종 수강생분들 중에 시나리오 쓰다 왔어요! 순문학 하다 왔어요! 전 하고 싶은 이야기가 이미 있어요! 하고 급하게 뛰어드는 경우를 목격한다. 그러나 장르소설판에서 중요한 것은 아웃풋이 아니다. 인풋이다. 계속 말하지만 인풋이 덜 된 상태에서의 아웃풋은 나만의 이야기가 될 가능성이 아주아주아주 높다.

글을 왜 쓰는지 다시 한 번 생각해야 한다. 한 명이라도 더 많은 독자들이 읽어 주길 바라는 게 아닌가? 그렇다면 돌아가야 한다. 진짜, 제발, 부디. 내 수년의 경험으로 미루어 보건대 마음이 급하니까 우선 쓰겠어! 별로 읽지는 않았지만 드라마처럼 쓰면 되잖아! 하는 분들은 아주 높은 확률로 다시 처음으로 돌아오게 된다.

계속 강조하는 이유는 아무리 말해도 안 듣다가 후회하는 경우를 많이 보기 때문이다. 이렇게 말이다….

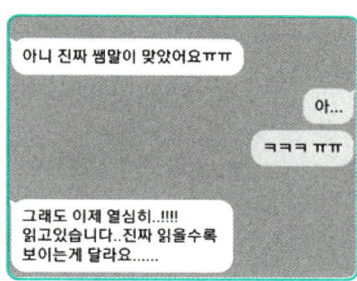

그러므로 마음이 급할수록, 돌아가야 한다는 것.

내가 이 장르소설의 팬일 것. 열렬한 독자일 것. 읽는 게 즐겁고 신이 날 것.

이게 모든 것의 출발점이다. 이것 자체가 안 된다면, 안타깝지만 웹소설이 적성이 아닐 가능성이 높다. 그러니 부디 읽으시라. 최소한 내 취향이 뭔지 알게 될 때까지는. 제발!

작가 데뷔 프로세스

웹소설 작가는 어떤 과정을 거쳐서 데뷔하게 되는 걸까? 대표적인 웹소설 작가 데뷔 루트 3가지를 알아보도록 하자. 크게 연재, 투고, 공모전을 통한 데뷔가 있다.

1) 연재

가장 기본적인 작가 데뷔 코스 중의 하나다. 여러 '무료 소설 연재 사이트'가 있는데, 이곳에 가입을 해서 소설을 무료로 올리다가, 인기가 좀 생기면 출판사에서 연락이 오는 방식이다. 그 출판사와 계약을 해서 이전에 소개한 대표적인 4개의 플랫폼 중 한 곳에 입점하는 것이 연재를 통한 데뷔 프로세스다. 무료 연재처로 어떤 곳들이 있는지는 뒤에서 상세하게 설명하도록 하겠다.

2) 투고

예전에는 연재로 데뷔를 하는 것이 데뷔의 정석처럼 여겨졌으나, 무료 연재 사이트도 경쟁이 치열해지면서 투고를 통한 데뷔도 부쩍 많아졌다. 특히 분량이 짧은 현대로맨스의 경우 투고로 계약을 하는 경우도 많다.

이 경우에는 먼저 투고하고 싶은 출판사부터 찾아야 한다. 찾는 방법은 간단하다. 카카오페이지나 리디북스 등에 들어간 다음 작품 소개에서 출판사, 혹은 브랜드명을 확인해서 검색을 해보면 된다. 보통 웬만해서는 출판사나 브랜드를 대표하는 홈페이지, 블로그 등이 개설되어 있다. 그곳의 투고 안내를 따라 투고하면 된다.

통상 답변을 받기까지 2주 정도 걸린다는 안내가 많은데, 사실 그보다 더 걸리는 경우도 종종 있기 때문에 동시에 여러 곳에 투고를 하는 경우도 점점 많아지고 있다.

3) 공모전

요즘처럼 공모전 춘추전국시대였던 적이 없었을 것이다. 온갖 출판사와 플랫폼, 서점 등이 모두 웹소설 시장에 뛰어들면서, 공모전이 한 달이 멀다 하고 열리고 있는 실정이다. 이런 기회를 잘 잡으면 일석이조의 효과를 얻을 수 있으니 공모전도 눈여겨보도록 하자.

공모전을 볼 때는 수상 시의 조건을 제일 주의해서 봐야 한다. 상금이 크거나 보장된 프로모션(이벤트)이 빵빵하다면 충분히 해봄직하지만, 그냥 무료 연재를 해서 출간을 하는 것과 별반 차이가 나지 않을 것 같은 정도라면 사실 무리해서 공모전에 참여할 필요는 없다. 그렇다 보니 적당히 이름값을 쌓은 기성 작가들은 웬만큼 상금이나 보장이 큰 공모전이 아니면 굳이 참가하지 않는 경우가 많다.

반대로 시장에 내놓는 건 좀 자신 없지만 작품이 어느 정도 준비는 되었다고 느껴지고, 더불어 경쟁률도 그리 높지 않다면 공모전 간판을 따는 것은 여러 면에서 유리할 수 있다. 수상한 작품은 공모전이라는 이벤트가 있기 때문에 설사 주최 측이 만족할 만한 수준에 못 미치더라도 밀어

줄 수밖에 없기 때문이다. 이런 경우라면 일반 연재를 해서 출간하는 것보다 플러스 알파(상금, 보장된 프로모션 등)가 있으니 도전해봄직하다.

결국 '공모전의 보상 수준'과 '경쟁률'을 유기적으로 판단해서 결정해야 하는 부분이다. '내 작품이 실제 시장성보다 좋은 상을 수상한다면' 이득이라고 보면 되겠다.

Stella

로맨스 웹소설 현직 편집자의 코치

사실 일반 독자가 출판사명을 바로바로 캐치하기는 쉽지 않다. 연재처는 따로 상세 소개를 할 것이니 괜찮지만, 투고나 공모전을 노리는 경우에는 그 해당 주체의 성향을 명확하게 파악하고 들어가야 할 필요가 있다.

예를 들어 현대로맨스가 메인인 출판사나 브랜드에 가벼운 로맨스판타지를 투고한다면 투고가 성공할 확률도 낮아질 뿐더러 거기서 작품을 냈을 때 잘 되기도 어려워진다. 내가 쓰려는 장르, 그리고 글 스타일과 맞는 곳을 노려서 투고를 하거나 공모전 참가를 해야 한다는 뜻이다.

그런데 플랫폼마다 해당 작품을 출간한 출판사명을 직접적으로 적는 경우가 있고, 브랜드명만 적는 경우도 있기 때문에 헷갈리기가 쉽다. 브랜드는 출판사의 하위 개념이다. 즉 한 출판사가 여러 개의 브랜드를 운영한다는 뜻이다. 브랜드도 로판 브랜드, 19금 로판 브랜드, 현대로맨스 브랜드, 이런 식으로 나눠서 운영하는 경우가 많다. B출판사의 D라는 브랜드가 있는데, D를 별개로 보고 B와 D가 다른 출판사라고 판단하는 실수는 하지 않도록 하자.

이런 부분은 열심히 정보를 찾아 발품을 파는 수밖에 없다. 작가들이 모여 있는 커뮤니티 등에서 일목요연하게 정리된 글을 찾아보는 것도 도움이 된다. 내가 좋아하는 작품들이 주로 어느 출판사에서 나온 것인지, 또 내가 쓰려는 작품 성향와 비슷한지 등을 평소에 가급적 파악해 두도록 하자. 두고두고 요긴하게 쓰인다.

공모전 역시 마찬가지다. 공모전의 주체가 평소에 어떤 작품들을 잘 밀어 줬는지, 어떤 장르를 가장 우대하는지 등을 잘 파악해 두는 것이 중요하다. 그래야 공모전 측의 마음에 쏙 들 만한 방향을 미리 알고 접근할 수 있다.

"

무에서 유를 창조한다는 점, 자본이 들지 않는 일이라는 것,
오로지 팬심으로 도전 가능하다는 것은
여전히 웹소설의 대단한 매력 요소이니까.
더불어 내 작품을 다른 사람들이 봐준다는 것 자체가
굉장한 에너지가 되기도 한다.

"

2장

웹소설, 뭘 써야 하지?

아웃풋보다 중요한 인풋

1) 의외로 놓치는 로맨스의 진짜 정체

웹소설은 독자이자 팬이 작가가 되기 가장 유리하다. 글쓰기 법칙을 전부 흡수하고 전부 지켜도, 그 장르 열 작품 이상 읽어 본 진성 팬의 인풋을 이길 수 없다. 종종 떠오르는 게 없는데 어쩌죠? 이런 질문을 받는데, 대부분 인풋이 부족해서 그렇다. 읽지 않으면 떠오르는 것도 없다.

내가 정말 웹소설을 쓸 수 있는지 없는지도 읽어 봐야만 알 수 있다. 지금까지 웹소설을 거의 읽지 않았다면 글솜씨가 좀 있다고 해도 기존 독자들보다 훠어어어어어얼씬 불리하다. 고집이 센 지망생에게 한 번 더 강조하고 싶다. 굳이 먼 길로 돌아가지 말고, 꼭 내가 쓰고 싶은 글을 먼저 읽어야 한다. 본격적으로 읽기 전에 로맨스의 기본 성향을 알 수 있도록 설명하겠다.

로맨스란 게 뭘까?

이 질문에 대해 단순히, 남녀가 연애하는 거잖아… 사랑 얘기 아냐? 이렇게 답했다면, 땡! 틀렸다.

웹소설의 로맨스란 '현실의 대체제 역할을 하는 이야기'다. 현실의 대체제가 뭘까? 아주 간단하다. 내가 현실에서 이루고 싶고 가지고 싶은 것들을 소설에서 대신 보여주는 것이다. 이게 핵심이다. 어느 정도 인풋이 있거나, 글을 좀 써 본 분들이라면 알 것이다. 사실 '여자들이 보고 싶어 하는 이야기'라는 것에서 한 말과 다르지 않다.

기왕이면 현실에서 일어났으면 싶은 일들인 것이다. '현실은 너무 팍팍하고, 태어날 때부터 이미 이번 생은 틀린 것 같다. 그럼 소설 속에서 대신 스트레스 풀지 뭐.' 이게 로맨스 웹소설 독자들의 기본 성향이다. 결국 대리만족이다. 이 대리만족 코드에도 여러 가지가 있는데, 로맨스가 주 골자인 것은 맞지만 다른 요소들도 많으며 저마다 방향이 있고 룰이 있다. 이걸 무시하고 그냥 애끓는 남녀의 절절한 로맨스를 쓴다고 시장에 먹힐 거라는 생각은 아주, 매우, 대단히 위험하다. 그럼 로맨스에 대한 정의를 기본 프레임으로 딱 쥐고서, 인풋을 본격적으로 시작해보자.

2) 인풋은 어디서 할까? 무료 플랫폼

일단 플랫폼을 알아보자. 네이버는 기본적으로 무료이고 시리즈, 카카오페이지, 리디북스 등 나머지는 유료 기반이다. 유료는 좀 부담스러울 수 있다. 내 취향이 어떤지도 모르는데 처음부터 돈 내고 보기엔 망설여진다. 그래서 무료로 작품을 볼 수 있는 사이트부터 소개하겠다. 이곳들은 4개의 플랫폼에 정식으로 들어가기 전 단계의 역할인 '무료 연재처'이기도 하다.

무료 플랫폼

카카오스테이지	https://pagestage.kakao.com (오픈 예정)
조아라	http://www.joara.com/main.html
북팔	https://novel.bookpal.co.kr/
네이버 베스트리그	https://novel.naver.com/best/popular.nhn
로망띠끄	http://new.toto-romance.com/main/main.asp

카카오스테이지

카카오페이지에서 작심하고 만든 무료 연재처이다. 기존의 조아라 작가들, 특히 로판 작가들은 이곳으로 대거 몰릴 것으로 예상. BL 및 19금까지도 다룰 예정이라고 한다. 현재(2021.7) 재정비 중으로, 금방 열릴 예정이라 하니 예의 주시! 카카오페이지를 목표로 삼고 있다면 최우선 인풋 사이트가 될 것이다.

조아라

연재처 중 장르소설판의 양대 산맥으로 불리우는 곳이다. 남성향에 문피아가 있다면 여성향에는 조아라가 있다. 이곳에는 모든 여성향 장르가 연재되고 있지만, 특히 로맨스판타지와 BL의 성지이다. 유료 플랫폼에서 접하게 되는 수많은 로판과 BL이 이곳을 거쳐서 데뷔한 작품들이다. 일반 로맨스도 물론 괜찮은 작품이 많지만, 시장성의 최고치를 달리는 로판과 BL은 이곳에서 많이 시작한다는 것만 알면 된다. 조아라를 볼 때는 베스트 카테고리로 들어가서, 투데이베스트/주간베스트를 위주로 보면 된다.

처음에 베스트 카테고리를 들어가면 내가 원하는 대로 장르를 모아서 볼 수 있게 선택창이 나온다. 장르소설이란 자체가 세분화하다 보면 워낙 다양하다 보니 온갖 장르가 다 있지만, 우리는 여성향을 볼 것이므로 보려는 장르에 맞춰 체크해주면 된다. 로맨스만 볼 거라면 로맨스, 로맨스판타지를 볼 거면 로맨스판타지, BL도 마찬가지다. 셋 다 한꺼번에 보고 싶으면 셋 다 체크해도 된다.

북팔

북팔은 19세 이상 작품들이 강세이기 때문에 가급적 19세 인증 후 보는 것을 권한다. 또한 현대로맨스가 제일 대세이니 참고해서 보면 좋다. 유

무료 베스트 → 무료 베스트 카테고리에서 무료 작품을 골라서 보도록 하자.

네이버 베스트리그

네이버는 기본적으로 국민 사이트이다 보니, 장르소설의 팬이 아닌 사람들도 많이 참가를 하는 경향이 있다. 그래서 시장성으로만 치면 작품들이 좀 들쭉날쭉한 편이다. 보는 눈이 적당히 키워진 독자라면 베스트리그를 참조해도 좋겠지만, 생초보라면 오히려 헷갈릴 수가 있기 때문에 다른 플랫폼 쪽을 먼저 보는 것을 추천한다.

로망띠끄

로망띠끄 역시 기본적으로는 19금이 강세다. 현대로맨스가 주류를 이루고, 독자층 자체도 타 플랫폼에 비해 연령대가 높은 편이다. 따라서 비교적 필력 좋고 무게감 있는 작품들도 많으니 참고해서 보도록 하자.

무료 플랫폼은 말 그대로 무료로 작품들을 접할 수 있고 접근성이 좋아서 소개를 하기는 했지만, 이 무료 연재된 작품들이 플랫폼에 입점되어 정식으로 판매되었을 때의 성적은 이야기가 또 달라진다.
즉, 좀 더 명확한 기준을 알기 위해서는 사실 유료 플랫폼의 잘나가는 작품을 직접 돈 주고 보는 것이 가장 정확하다는 뜻이다. 그럼 유료 플랫폼을 보도록 하자.

3) 인풋은 어디서 할까? 유료 플랫폼

기본적으로 성향이 뚜렷한 양대 앱을 대표로 소개하겠다. 두 플랫폼에서 잘나가는 장르는 앞에서도 충분히 설명했었다. 우선 리디북스부터 살펴보도록 하자.

리디북스

리디북스는 어려울 게 없다. 19금 작품을 포함해서 보는 것을 추천하기 때문에 가급적 회원 가입부터 하고, 성인 인증을 하도록 하자. 그러고 나면 홈페이지 상단에 장르별 카테고리가 보일 것이다.

내가 보려는 장르를 골라 들어간 다음, 베스트셀러를 클릭하면 잘나가는 로맨스 작품을 순위별로 쫙 나열해서 보여준다. 대단히 편리한 기능이다.

개인적으로 리디를 처음 접하는 초보라면 베스트셀러/월간베스트/스테디셀러 중에 스테디셀러를 추천한다. 이쪽은 정신없이 몰아치는 유행의 흐름에서 살짝 벗어나 있으면서도 예전이나 지금이나 늘 잘 팔리는, 말 그대로 웬만한 취향은 관통하는 작품들이기 때문이다.

카카오페이지

카카오페이지에선 기본적으로 로맨스판타지를 추천한다. 카카페의 로판이야말로 시장성의 최신 선두를 달리기 때문이다. 웹소설 > 로판을 순차적으로 들어가면 일간 로맨스판타지 TOP 리스트가 뜬다. 1~100위까지 성적순으로 나열되어 있기 때문에 이 리스트에서 상위권의 작품들을 보다 보면 시장성을 이해하는 건 금방이다.

다만 카카오페이지는 순위가 유동적으로 계속 바뀌기 때문에 처음 접하는 독자들은 혼란스러울 수 있는데, 정신없이 바뀌는 서바이벌 리스트에서 조금 벗어나 꾸준히 잘나가던 작품들 위주로 보고 싶다면 스테디셀러 탭을 들어가 보면 된다.

웹소설 > 로판 쭉 내리다 보면 '강력 추천 스테디셀러!'가 있다. 이 안에 들어 있는 작품들은 예전부터 최근까지 쭉 역사를 아울러 온 작품들이니 참고해서 보도록 하자. 이 안에서도 케바케는 있다. 가급적 독자 수가 많고, 댓글 수도 많은 작품들을 골라서 보는 것을 추천한다.

Stella
로맨스 웹소설 현직 편집자의 코치

카카오페이지의 경우, 독자 수는 많은데 생각보다 댓글 수가 적은 작품들이 있다. 독자 수와 댓글 수가 정비례하지 않고 다소 반비례하는 것처럼 보이는 작품들. 이 경우 독자들의 충성도가 엄청 높지는 않다는 뜻이다. 즉, 초반에 반짝 재미있어서 읽었는데 뒤로 갈수록 시들해졌다거나, 이벤트나 프로모션 등으로 빵 띄웠지만 읽어보니 그만큼 재미가 있지는 않았다거나 하는 경우들에 해당한다. 요는 댓글 수가 많을수록 정말 잘 쓴 작품일 확률이 높다는 뜻. 정말로 잘 팔린 작품을 고르고 싶다면 댓글 수도 주의해서 보도록 하자.

잘 팔리는 작품에는 이유가 있다

1) 이중에 네 취향 하나쯤은 있겠지!

잘나가는 작품엔 다 이유가 있다.
장르소설은 결국 대리만족의 집합체란 논조의 이야기를 했던 것을 기억할 것이다. 그리고 우리는 웬만해선 다들 로맨스 DNA를 가지고 있다는 것도.

<u>많이 읽으라는 것의 첫 번째 의미는 내 취향을 찾으라는 것이다.</u> 단순히 '이 작품 존잼!' 이게 아니라, 어떤 부분 때문에 그 작품이 재미있는지를 보라는 것이다. 그럼 분명 내가 재밌게 읽은 작품들을 관통하는 코드가 있다. 바로 그 부분이, 시장성이 있으면서도 내가 쓰고 싶은 코드가 된다. 포인트는 '내가 쓰고 싶은 것'에 있지만, 얼마나 시장성과 취향의 교집합을 잘 찾아가느냐가 작가로 잘 살아갈 수 있을지를 결정한다고 봐도 틀리지 않다. 대단히 중요한 문제다.
사실 장르별 잘나가는 스타일이란 건 설명하자면 끝이 없지만, 큰 맥락을 짚어 보자면 의외로 뚜렷한 기준이 있다. 반대로 말하자면 사람들이 웹소설에 빗대어 원하는 것들이 어느 정도 정해져 있다는 뜻이다. 그럼 장르별 대표적인 인기 소재를 확인해보자.

현대로맨스

기본적으로 신데렐라틱한, 클래식 로맨스에 가장 가까운 장르다. 우리가 흔히 접해 온 그 '로맨스'와 가장 가깝다는 말이다. 물론 그보다는 훨씬 더 로맨틱하고 섹슈얼한 부분에 포커스가 집중된다는 차이가 있지만. 여주는 당차고 똑 부러지는 성향도 점점 등장하고 있으나 클래식하고 여성스러운 스타일이 여전히 잘 먹힌다. 남주 스타일은 작품에 따라 다르지만 집착남, 짐승남, 후회남, 카리스마남 등의 스타일이 자주 등장한다. 흔히 XX기업 임원, CEO 등을 생각할 때 떠올리는 그 차도남 이미지가 기본이라고 보면 된다.

요새는 플랫폼들이 AI 기능을 도입하여, 내 취향인 작품을 빨리빨리 찾아볼 수 있게끔 시스템을 구축하고 있다. 그 대표적인 것 중 하나가 바로 키워드 검색 시스템이다. 요는 키워드를 몇 개 클릭하는 것만으로 내 취향에 맞는 작품을 꼽아 볼 수 있게 되었다는 뜻이다. 흔히 #키워드 이런 방식으로 많이 쓰인다.

현대로맨스의 대표적인 키워드를 몇 개 꼽아 보자면

#재벌남 #직진남 #계략남 #능글남 #절륜남 #집착남 #나쁜남자 #카리스마남 #대형견남 #연하남 #존댓말남 #상처녀 #철벽녀 #능력녀 #직진녀 #순진녀 #몸정→맘정 #원나잇 #전문직 #사내연애 #재회물 #첫사랑 #선결혼후연애 #계약결혼

이미 대략적인 그림이 보이지 않는가? 다소 베리에이션은 있으나 우리가 아는 바로 그 로맨스다. 키워드만으로도 어떤 작품들이 잘나가는지 대략적인 파악은 될 것이다.

로맨스판타지

로맨스판타지는 소재를 알기 전에 우선 알고 넘어가야 하는 베이스가 있다. 일단 제일 큰 베이스는 회빙환(회귀, 빙의, 환생)이다. 로판을 읽은 적 있다면 한 번쯤 들어 봤을 것이다. 세계관이 다르기 때문에 현실의 여주가 그 세계로 넘어가면서부터 이야기가 시작된다. 첫째, 그 세계의 인물에게 빙의되었다(빙의). 둘째, 원래 그 세계에 살던 인물인데 과거로 돌아왔다(회귀). 셋째, 그 세계에서 전생의 기억을 지닌 채 새로 태어났다(환생). 이 3가지 흐름 안에 웬만하면 포함된다.

물론 이런 베이스들을 반드시 차용할 필요는 없다. 이런 소스를 왜 쓰는지, 혹은 어떻게 쓸지는 작품에 따라 다 다르기 때문에 남들이 쓴다고 나도 똑같이 가져다 써야 하는 건 아니다. 요리를 할 때 이 재료가 왜 들어가는지, 요리에서 어떤 역할을 하는지 알고 요리를 해야 제대로 맛을 낼 수 있듯이, '나만의 요리'를 하려면 그 재료가 작품 내에서 어떤 영향을 주는지를 알아야 한다. 그걸 모르는 상태에서 무턱대고 쓸 필요는 없다. 다만 워낙 흔하게 쓰는 베이스이기 때문에 인풋을 하다 보면 알아서 탑재가 될 것이고, 자동으로 아웃풋으로 흘러나올 수도 있다. 그게 자연스럽다면 그렇게 써도 된다. 그저, 써야 할 것 같아서 쓰지는 말라는 이야기다. 회빙환은 베이스일 뿐이고, 잘나가는 소재는 또 별개다. 이 역시 크게 3가지 줄기가 있다.

첫째, 기본 로맨스+이런저런 소스가 끼얹어지는 이야기. 계약 만남, 여주의 사업 성공담, 가주 쟁취기, 특별한 존재와 손 잡고 세계 제패하기, 복수극 등등이 그것이다. 더불어 로판 쪽의 여주는 점점 더 당당하고 센, 걸크러쉬 여주가 대세가 되고 있다.

둘째, 꽁냥꽁냥 가족&육아물. 이쪽은 여주가 폭군 황제의 딸이 되거나,

아니면 남주의 여동생이 되거나, 또는 남주에게 아주 어린 딸이 있는데 거기에 여주가 새엄마 역할로 들어가게 되거나, 하는 등 가족을 중심 구도로 잡은 이야기다. 당연히 꽁냥꽁냥한 가족애가 이야기의 메인 소스. 여주가 아기가 되는 경우에는 주위에서 어화둥둥 떠받들며 온갖 금수저를 입에 물려주는 것을 보는 맛으로 읽는 힐링(?) 스토리가 되고, 딸바보 아빠, 동생바보 오빠 등이 등장하여 그 꽁냥함을 극대화시켜 준다. 여동생, 혹은 새엄마 등이 되는 경우에도 크게 다르지 않다. 여주가 새엄마 포지션인 경우엔 아기가 여주를 좋아하게 되어 러브 메신저 역할을 하는 경우도 흔하다.

이런 계통 작품들의 특징은, 로맨스가 비교적 천천히 나오거나 로맨스 지분이 좀 적다는 것이다. 왜냐면 가족애의 꽁냥함이 이야기를 하드캐리하기 때문. 부작용으로 남주가 뒤늦게 등장할 경우 이미 순도 높은 가족애(?)로 눈이 한껏 높아진 독자들의 성에 차지 않을 위험성이 있다.

셋째, 마지막 하나는 조연 로맨스. 소설 속으로 들어가 악녀가 되었다거나 조연 중의 조연이 되었다거나, 하는 식으로 주인공이 아닌 다른 인물이 되는 경우이다. 설정도 굉장히 여러 가지가 있다. 핵심은 원래 스토리상으로는 죽는다거나, 안 좋은 결말을 맞게 되는데 그것을 피하기 위해 열심히 애쓰다 보니 어느새 남주와 주변인들의 관심과 사랑이 나를 향하게 되는 것에 있다. 즉, 결국 로맨스의 메인은 '나'가 된다는 것.

물론 정말 주변인 포지션으로 끝나는, 흔히 말하는 '팝콘각' 작품들이 있다. 이런 작품들은 특유의 개그 센스와 지켜보는 포지션의 흥미로움으로, 독자들을 다 같이 시청자로 만들어 버리는 재미를 선사하기도 한다. 그러나 이쪽은 웬만한 내공으로는 끌고 가기 어려우니까 처음부터 너무 롤모델로 삼지는 않는 것을 권한다. 쉽게 읽히는 반면 쓰기 쉬운 소재는 결코 아니다.

그럼 로맨스판타지에서도 잘나가는 키워드를 몇 개 꼽아 보자. 카카오페이지를 기준으로 하는데, 키워드별 분류가 심플 명확하지는 않아서 대략적인 작품 분위기 파악 용도로 활용하면 된다. 주로 인기 있는 키워드는,

#야릇한 #먼치킨인 #작화가미친 #얼굴맛집인 #그림체가이쁜

BL

마지막으로 BL. BL은 이렇다 할 스타일을 묶기가 힘들다. 굳이 따지자면 주인공과 주인수가 매력적이면 된다는 것…(?) 문란한 것도, 피폐한 것도, 질척이고 어두운 것도 BL에서만은 다 OK다. 심지어 다소 마이너한 장르인 추리 스릴러 등을 섞는 것도 얼마든지 가능하다. 그냥 자유로운 것이 BL의 스타일이라고 봐도 무방할 정도다.

그러나 키워드를 꼽아 보지 않으면 섭섭하므로 이쪽도 짚고 넘어가보자.

공 : #대형견공 #다정공 #짝사랑공 #계략공 #개아가공 #능글공 #순정공 #상처공
수 : #순정수 #미인수 #까칠수 #짝사랑수 #도망수 #상처수 #헌신수
그 외로 #할리킹 #캠퍼스물 #친구→연인 #첫사랑 #연예계 #아이돌물 #현대물 #판타지물 #오메가버스

Stella

로맨스 웹소설 현직 편집자의 코치

BL이 아무리 자유롭다 하나 여성 독자가 주 독자층임을 잊지 말자. 여자가 보기에 눈살 찌푸려지는, 주인공이 여자를 막 대한다거나, 여성에게 범죄를 저지르는 장면이 나오는 건 독자들의 빈축을 살 수 있다. 또는 주인공/수가 작위적으로 느껴지는 여성스러운 감탄사를 쓸 때도 높은 확률로 독자들의 야유를 받는다. 여자인 척하는 남자를 원하는 게 아니라는 것이 포인트. BL은 어디까지나 남자와 남자의 로맨스이다.

2) 그래도 모르겠다면 편법!

이렇게 쭉 소개를 했음에도, 잘 모르겠어! 와닿지 않아! 라고 생각한다면, 주위에서 소재를 찾는 방법도 있다. 그러고 나서 거기에 키워드나 작품을 끼워 넣는 거다.

흔히 웹소설, 장르소설에 대한 존재 자체도 잘 모르면서 이미 혼자 로맨스를 쓰고 있는 경우가 있는데, 직장에 마음에 드는 상사가 있다거나 내가 너무 사랑하는 최애 연예인이 있다거나 해서 혼자 뭔가를 막 만들어 내는 경우가 여기에 속한다. 물론 반대로 내 수명을 깎아 먹는 김 팀장을 소설 속 악역으로 등장시킨 다음 온갖 스트레스를 푸는 경우도 있다.

이 경우 누가 시키지도 않았는데 이미 상상의 나래를 펼쳐 그것을 스토리로 뽑고 있는 현상을 볼 수가 있다. 무언가에 대한 관심과 애정이란 이렇게 상상력의 훌륭한 연료가 된다. 요는 꼭 먼 데서 찾을 필요는 없다는 뜻이다.

그냥 우리 주위에 유독 마음이 가는 남사친, 아직 잊지 못한 첫사랑, 혹은 이루어질 수 없는 2.5D(연예인)나 2D(만화,소설)의 사랑이 있을 수 있다는 이야기다. 여기서부터 상상의 나래를 펼치는 것은 타인의 로맨스 스토리에서 소스를 억지로 인풋하는 것보다 훨씬 수월하고 매력적일 수 있다.

그럼에도 아직 모르겠다, 내 연애 세포는 죽었다, 나는 인간 관계 자체에 흥미가 없다, 여주 남주 어떻게 되든 관심 없음! 이런 사람이라면 아직 내 취향을 찾지 못한, 즉 마이너한 취향인 케이스거나, 혹은 아예 다른 장르를 찾아봐야 하는 것일 수도 있다.

로맨스 자체에 관심이 없는 것 같다면 판타지나 무협을 읽어보기를 권한다. 그런 건 아니고 여주는 너무 좋은데 남주에 별로 관심이 없다면, 여주 판타지 위주의 로판을 보면 된다. 보통 여주 판타지를 좋아할 경우 남성향의 판타지 무협 중에서도 취향에 맞는 작품을 발견하는 경우가 종종 있으니 참고하도록 하자.

판타지 무협까지도 다 봤는데 도통 재미가 없다면… 안타깝지만 장르소설 작가가 성격에 맞지 않을 가능성이 높다. 이 경우 그나마 재미있게 본 영화나 드라마가 비교적 가까운 데서 찾을 수 있는 힌트가 된다. 도저히 웹소설과 취향이 맞지 않는다면 깔끔하게 포기하는 게 나을 수도 있다. 스토리텔링으로 할 수 있는 것은 다양하고, 굳이 웹소설에만 목을 맬 필요는 없으니까.

3) 쓰고 싶은 것과 쓸 수 있는 건 다르다

이런 케이스도 있다. 나는 로맨스도 좋고 로판도 좋고 BL도 좋아. 심지어 판무 중에도 재미있는 게 종종 있어!

사실 그리 이상한 현상은 아니다. 우리가 영화를 볼 때를 떠올려 보면 꼭 한 장르의 영화만 고집해서 보지는 않는 것과 같다. 잘 만든 스토리 자체를 좋아하는 사람이라면 장르 구분 상관없이 잘 쓴 작품들은 재미있다고 느낄 수 있다. 그리고 이런 사람들에게는 여성향, 남성향, 이런 구분이 큰 의미가 없을 수도 있을 것이다. 이럴 경우 더더욱 주의해서 봐야 할 부분이 있다. 바로, 쓰고 싶은 것과 쓸 수 있는 것은 다르다는 것이다.

이 부분을 잘 판단하지 못해 오래도록 헤매는 경우가 많다. 보통 내가 좋아하고 쓰고 싶은 글보다는 실제 쓸 수 있는 글의 폭이 훨씬 더 좁다. 내가 A도 재미있게 봤고 B도 C도 재미있게 봤다고 해서 세 작품 스타일을 다 쓸 수 있는 게 아니라는 뜻이다. 소재도, 구성도, 인물 관계도도, 포커스도, 분위기도, 글의 호흡과 길이 같은 것도 전부 다르다.

쓸 수 있다는 것은 일단 글의 구성, 구도, 관계성 등이 내 취향이어야 하는 것은 기본이고, 작품의 포커스가 내가 끌고 갈 수 있는 부분인가에 달려 있다. 무슨 이야기인지 깊게 와닿지 않더라도 문장을 통째로 외워서라도 꼭 쥐고 와주었으면 할 만큼 아주, 매우, 정말 중요한 이야기다.
읽은 작품 수가 쌓일수록 앞으로 어떻게 전개되겠구나, 애는 이런 식으로 활용하겠구나, 이 소재는 저렇게 써먹겠구나, 하는 것이 조금씩 보이는 순간이 온다. 그저 푹 빠져서 읽기만 한다면 영영 보이지 않을 수도 있는 부분이다. 하지만 우리는 읽고 즐기는 것에서 끝날 게 아니라, 쓰면서 즐기는 법도 배워야 하니 이 장르의 선배들이 어떤 방법으로 글을 썼는지 생각할 필요가 있다. 겉으로 보이는 무대만이 아니라, 그 비하인드에 대해 생각해보는 시간도 필요하다는 뜻이다. 이 사건이 여기에 왜 왔지? 저 인물이 왜 등장했지? 같은 질문을 던져 보는 것도 도움이 된다.
한 번 읽은 작품을 두 번째 읽을 때는 좀 더 분석을 하면서 읽는 식의 접근 방법도 도움이 된다. 이후 스토리를 어떤 식으로 풀어 나갈지 예측해 보는 것도 마찬가지다. 좋아하는 것을 파악하는 데에도 시간이 걸리지만, 실제 쓸 수 있는 것을 파악하는 데는 더 많은 시간과 노력을 쏟아야 한다.

> 남들이 쓴다고 나도 똑같이 가져다 써야 하는 건 아니다.
> '나만의 요리'를 하려면
> 그 재료가 작품 내에서 어떤 영향을 주는지를 알아야 한다.

본격 작가가 되기 위한 마인드셋

1) 3년치 헛발질을 막아줄 이야기

꼭 짚고 넘어가야 할 이야기가 있다.
여러분은 왜 작가가 되고 싶은가?

다시 질문해 보겠다.
어떤 이야기를 하고 싶은가?

이런 원론적인 이야기가 왜 필요하지? 하고 생각할 수도 있겠다. 아주아주 중요하다. '정말 작가로 살아갈 수 있을지 없을지'를 판가름하는 기준이라고 봐도 될 정도로. 이것은 나의 경험에서 나오는 이야기다. 숱하게 만난 작가님들, 지망생들을 토대로 알게 된 핵심이다.
왜 작가가 되고 싶은가? 돈이 벌고 싶어서? 작가라는 이름값이 멋져서? 부와 명성을 거머쥐고 싶어서? 혹은, 어릴 적부터 간직해 온 꿈이라서? 사람들이 내 이야기에 호응하는 걸 보고 싶어서?
다 좋다. 이유는 제각각일 테니까. 하지만 무슨 이유가 됐든 가장 중요한 핵심은, '내가 하고 싶은 이야기가 꼭 있어야 한다'는 것이다.

2) 피해 가기 어려운 마의 구간

이제 막 웹소설에 발을 들이기로 한 사람들은 망망대해에 떨어진 것처럼 느껴질 것이다. 아직 뭐가 뭔지 모르겠는데, 하고 싶은 이야기가 뭔지는 어떻게 알지? 이렇게 생각할 수 있다.

혹은 이미 쓰고 싶은 이야기가 있는 경우라면, 다른 건 모르겠고 난 그냥 빨리 데뷔하고 싶고 유명해지고 싶어! 잘 팔리게 쓰는 방법만 딱 골라서 알려 줘! 하고 생각할 수도 있다.

아니면, 이미 몇 작품 써 봤지만 도대체 내가 뭘 써야 잘하는지 여전히 모르겠어. 난 뭘 위해 글을 쓰는가. 이런 고뇌에 빠져 있을지도 모른다. 간단히 말하면 전부 자신이 정말로 뭘 써야 하는지 모르는 상태인 것이다. 저자는 이것을 '마의 구간'이라고 부른다.

웹소설은 아무리 쉽고 편한 글이라고 해도 기본적으로 소설이다. 플랫폼별 소개에서 말했지만 무조건 가볍고 쉬운 글만 있지는 않다. 필력이 중요한 부분도 분명히 존재하고 스토리텔링의 재능은 대단히 중요하다. 그리고 소위 잘 쓴 작품은 두 가지를 포괄하고 있다.

하나, 내 스타일이 뭔지 알고 있다.
둘, 시장적으로 먹히는 코드가 뭔지 알고 있다.

전자는 내가 쓰려는 글이 뭔지 비교적 명확하게 알고 있다는 뜻이고, 내가 어떤 걸 써야 행복하고 잘 쓰는지, 한마디로 내 스타일을 대략적으로 파악하고 있다는 이야기다. 기본적으론 아, 난 대서사시를 못 쓰는구나. 난 감정선이 너무 깊고 복잡한 건 못 쓰는구나. 난 정치나 궁중 암투 같은 건 못 쓰는구나. 난 개그물은 못 쓰는구나. 같은 것들이다.

반대로 말하자면 아, 나는 인물의 관계에 좀 더 포커스를 맞춰 써야 하는

구나. 난 긴 작품에 금방 질리니까 짧게 쓰는 게 낫구나. 난 그때그때 집중해서 수백 편도 비슷하고 재밌는 내용으로 뽑을 수 있네! 같은 것들도 포괄한다.

후자는, 내 취향과 시장성 사이의 교집합이라고 생각하면 된다. 보통 쓰고 싶은 이야기가 무조건 단 하나! 있지는 않다. 여러 장르의 다양한 소재와 인물을 떠올릴 텐데, 그중에서 가장 잘 팔릴 만한 소재와 인물을 내가 즐겁게 쓸 수 있으면서도 팔릴 만한 구도로, 그리고 그 외의 자잘한 시장적인 요소를 토핑해서, 기왕이면 더 많은 사람이 읽게 만들고 겸사겸사 돈도 더 버는 방향으로 설계하는 것이다.
물론 여기에 가장 기본이 되는 요소는 내 취향이 시장성과 통하는 부분이 있어야 한다는 것인데, 어릴 적부터 온갖 드라마, 영화, 소설 등에서 로맨스를 접해 온 우리의 안에는 이미 기본적으로 로맨스를 사랑하는 유전자가 있다. 그러니 이 부분에선 웬만해선 크게 걱정하지 않아도 된다.

그런데 이 두 가지를 양립하기까지가 쉽지 않다. 내 취향이 뭔지, 내가 정말 쓰고 싶은 게 뭔지, 나아가서는 내가 글을 왜 쓰는지, 더 심하게는 써야 하는지 말아야 하는지 헤매는 경우가 정말 많다.
소위 마의 구간이라 부르는 여기에 빠져 있는 경우, 몇 년을 헛발질하며 보내게 되기가 쉽다. 그렇게 되면 마음에 여유가 없어지고, 잘된 사람들을 질투하게 되고, 자괴감이 들고 괜히 세상이 미워진다.
팔리는 것만 집어서 떠먹여 주는 일은 차라리 간단하다. 이렇게 하면 팔립니다! 하는 이야기는 얼마든지 할 수 있다. 그러나 정말로 그럴까? 그럼 안 팔리는 작가는 왜 생길까?

저자는 이 책을 읽는 여러분이, 마의 구간에 빠지지 않길 바란다. 지금은 다소 원론적인 이야기로 보이겠지만, 결국 가장 핵심적인 열쇠였다는 것을 머지않아 깨닫게 될 것이다.

3) 마의 구간은 왜 생길까?

마의 구간에서 헤매는 다양한 케이스를 보며 왜 그런지를 한동안 고민했는데, 결론은 하나였다. <mark>내 스타일이 잡히지 않은 상태에서 외부에 무게 중심을 두는 경우.</mark>

내가 뭘 하고 싶은지, 어떤 걸 잘하는지, 그런 것들도 잘 모르는데 심지어 글을 쓰는 베이스가 외부에 있는 경우이다. '외부'란 조회수, 인기도, 독자 반응, 요새 유행하는 소재, 남들이 말하는 잘 팔린다는 코드, 내가 따라가고 싶은 워너비 작품의 스타일, 마케팅이나 노출도에 대한 집착 등을 말한다. 요소는 굉장히 다양하지만 결국 문제는 하나였다. 내가 뭘 해야 할지도 모르는 상태에서 다른 것들을 무턱대고 쫓아가는 것.

- 이런 남주 괜찮을까? 너무 매력이 없을 것 같아. 독자들이 싫어하던데.
- 이런 소재 쓰면 되지 않을까? 요새 엄청 핫하던데. 필력이 부족해도 적당히 인기 얻지 않을까?
- B작가는 나보다 늦게 시작했는데 벌써 잘나가네? 이런 방식을 썼네. 나도 해 볼까?
- 첫 작 내자마자 당장 터져서 스타 작가 되고 유명해지고 돈도 잘 벌고 싶은데.
- 내 작품은 아무 문제가 없는데 마케팅을 안 해 줘서 안 팔린 것뿐이야. 운도 더럽게 없지.

이런 이야기들. 제발 그러지 마시라. 이런 요소들이 무시할 것들이라고 이야기하는 게 아니다. 유행에 대해서는 당연히 관심을 쓰면 좋고, 어떤 게 잘 팔리는지에 대한 감각을 키우는 것도 물론 중요하다. 마케팅빨로 작품이 더 잘되거나 덜 되거나 하는 경우, 당연히 있을 수 있다.

이 이야기의 핵심은, 내 무게 중심이 전혀 안 잡힌 상태에서 다른 것에 너무 집중하면 길을 잃어버리게 된다는 것이다. 마의 구간에 빠지면 정말 많이 힘들다. 여기서 버티지 못하고 작가의 길을 포기하는 사람도 많다.

음식점으로 비유하자면, 초밥집에 들어갔더니 짬뽕도 팔고 국수도 파는 식이다. 여러분이라면 그런 곳에 들어가겠는가? 뭔가 딱 봐도 신뢰가 안 가지 않는가? 내가 하려는 게 뭔지도 모르는 상태에서 그런 것들에 한눈팔다 보면, 여러분의 작품은 결국 이도 저도 아닌 정체를 알 수 없는 음식점처럼 될 것이다.

심지어 내가 하고 싶어서 한 게 아니니까 재미도 없다. 남들 보라고 이렇게 노력한 건데 반응을 안 주니 속상하기까지 하다. 나중엔 자괴감도 든다. 난 재능이 없나 봐. 그렇지 않다. ==정말 쓰고 싶은 걸 제대로 찾지 못했을 뿐이다.==

위에서도 이야기했을 것이다. 웹소설 작가로서 결국 잘되는 사람들의 공통점에 대해. 누가, 왜 잘되는가? 웹소설을 좋아하고 사랑하는 사람들이 잘된다. 첫술에 잘되는 경우도 물론 있지만, 첫술이 어떻게 되었든 다음 작품을 또 쓰고 싶을 만큼 이야기를 사랑하고, 이야기를 하고 싶어 하는 사람들이 잘된다. 나머진 시간과 타이밍의 문제일 뿐이다. 뻥 안 치고 정말이다.

그러니 그냥 나 자신을 믿고, 스스로가 오래오래 하고 싶은 이야기가 무엇인지를 알아야 한다. 어떤 글을 쓸 때 즐거운지를 알아야 한다. 시장성과 유행 소재의 토핑은 그 다음이다.

Stella
로맨스 웹소설 현직 편집자의 코치

다음 페이지로 어서 빨리 넘어가고 싶을 것이다. 그러나 인풋을 하나도 신경 쓰지 않은 상태에서 이후로 넘어가는 것은 무의미하다. 사실 이미 여기까지 이야기한 내용에서도 인풋이 충분한 상태와 그렇지 못한 상태의 이해도 차이가 크게 벌어졌을 것이다.

무료든 유료든, 이젠 좋아하는 장르를 특정하는 걸 넘어서 좋아하는 취향까지 어느 정도 알아야만 한다. 최소한 장르당 베스트 작품 2~3개는 읽어보자. 엔딩까지 읽지 않아도 좋으니까.

4) 어떤 독자들이 내 작품을 볼까?

자신의 취향을 알게 되었다면, 처음에 했던 질문을 다시 해보겠다.

어떤 이야기를 쓰고 싶은가?

날 글 쓰고 싶어지게 만드는 작품은 어떤 것인가? 어떤 면이, 어떤 요소가 더욱 그렇게 만드는가? 두 남여주 사이의 감정선이 내 마음을 움직이게 하는가? 아니면 여주가 잘나가는 사이다 전개가 페이지를 넘기게 만드는가? 아니면 독특한 소재가 자꾸 뒤를 궁금하게 만드는가? 그것도 아니면 글 속으로 빨려들게 만드는 진지함과 묵직한 여운인가? 이것은 높은 확률로 내가 앞으로 가야 할 방향성이 된다.

여기에 대답할 수 있다면 이후를 읽어도 괜찮다. 아직 내가 어떤 장르를 더 좋아하는지, 어떤 작품을 좋아하는지도 명확하지 않고 대답할 수 없다면 처음으로 돌아가서 시간을 갖기를 권한다. 진짜로.

이제 자신의 취향을 대략적으로 파악했다면 다음 순서는 어느 플랫폼, 어느 카테고리로 가면 좋을지를 정하는 것이다. 작품을 쓰는 데 이런 게 왜 필요하냐고? 내 글을 읽을 독자층을 알고 시작하는 것과 모르고 시작하는 건 천지 차이이기 때문이다. 웹소설에서 중요한 건 나의 취향과 시장성의 교집합이다. 그 교집합에는 내 작품을 읽을 독자층도 포함되어 있다.

이를테면 내가 절절한 19금 로맨스 취향인데 그걸 로판으로 썼고 심지어 카카오페이지에 들어갔다고 해보자. 카카오페이지는 주로 젊은 층이 많은 가볍고 쉬운 작품들이 대세인 플랫폼이다. 로판은 특히나 전연령이 대세라고 이야기했었다. 어떻게 될까?

결과는 말하지 않아도 짐작할 수 있을 것이다. 꼭 결과가 안 좋다고 장담할 순 없으나 분명한 것 하나는, 제대로 타깃팅을 하여 작품과 맞는 플랫폼에 들어갔다면 훨씬 많은 독자들이 글을 읽어 주었으리란 사실이다.

이런 헛발질을 하지 않기 위해 미리부터 알고 들어가야 하는 것이다. 지피지기면 백전백승이다.

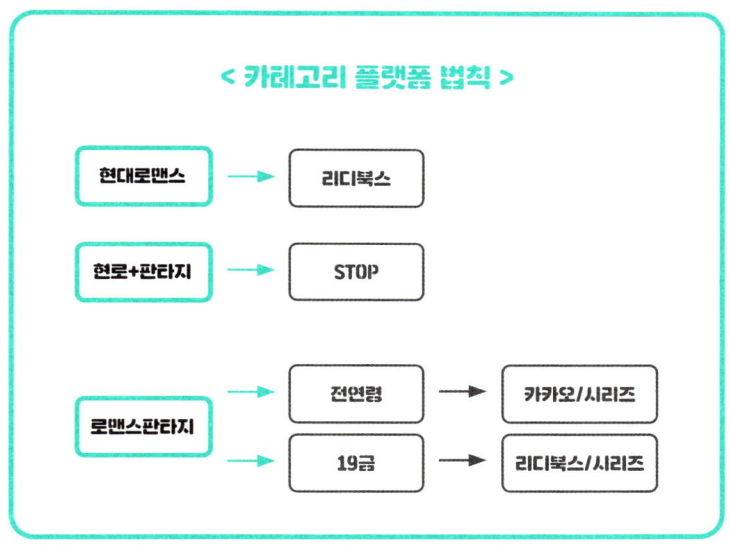

현로를 쓰고 싶다!

→ 리디북스 메인. 가급적 19금으로! 정 19가 싫거나 못 쓰겠다면 소프트로 가도 되지만 시장성이 떨어짐을 감안할 것. **(타깃팅 기준 : 30대 이상)**

현로긴 한데 판타지 요소가 많이 섞여 있다!

→ 고민을 잘 해야 한다. 웹소설에서는 카테고라이징이 애매하기 때문. 현대로맨스에서는 판타지 요소가 강한 것을 좋아하지 않고, 로맨스판타지에서는 세계관 자체가 동양/서양인 것을 좋아한다. 이 경우 따지자면 영상화를 노리는 쪽이 더 알맞으나 웹소설로 성공하는 루트와는 거리가 좀 있다. 무슨 일이 있어도 쓰고 싶다! 하는 스토리라면 기존의 웹소설 플랫폼 외에 다른 방법을 함께 찾아보도록 하자.

로판이다!

→ 전연령이라면 → 연재 시장 (카카오/시리즈)
→ 19금이라면 → 리디북스 /시리즈

동양풍을 쓰고 싶다!

→ 사극/역사 로맨스, <구르미 그린 달빛> 같은 작품을 쓰고 싶은가?
→ 웹소설에서는 치고 올라가기가 어렵다. 내가 역사적인 사실에 빠삭하고 웬만한 사극 로맨스는 섭렵했으며, 필력도 좋고 궁중 암투도 잘 쓴다면 OK. 이 경우 드라마화를 노려봄직하다. 영상화가 되길 원한다면 사극 로맨스 장르의 드라마들을 많이 참고할 것. 물론 접근 루트도 알아보아야 할 것이다.
동로판인가? → 연재 시장에선 약하다. → 가급적 19금, 리디 목표로.

BL이다!

→ 리디북스 메인. BL의 경우 사극, 동양풍, 로판, 현로 심지어 SF, 추리, 판타지, 무협, 피폐까지 전부 소화 가능하다. 그냥 쓰고 싶은 거 쓰면 된다. 대신 BL을 읽어 보지도 않았으면서 감만으로 덤벼들지는 말 것! 잘 팔린다고 하는 모든 규칙을 지켜도 시장성이란 건 직접 읽어야만 습득이 된다. 이건 어느 장르든 다 똑같다.

더불어, 글의 호흡이 좀 느린 편이라면 단권 시장이, 빠르게 끊어 치는 편이라면 연재 시장이 유리하다.
19금인데 호흡이 빠르다! → 리디북스 연재 시장. 이런 식으로 이해하면 된다. 물론 호흡을 떠나 전체 분량 자체가 초장편이라면 가급적 연재 수익을 노리는 것을 권한다. 플랫폼 입장에서도 당연히 분량이 긴 작품을 선호하기 때문.

Stella
로맨스 웹소설 현직 편집자의 코치

첫 작에서부터 나의 인내심을 시험하지 말자.

처음은 무조건 완결 목표로! 무난하게, 짧게. 첫술부터 터지는 대박 작가가 나라면 좋겠지만 기대가 크면 실망도 큰 법. 가급적 세계관도 설정도 구도도, 너무 장황하지 않게, 복잡하지 않게, 내가 쓰고 싶은 부분에 집중해서 축소하도록 하자.

특이한 거 쓰고 싶어! 초장편 대서사시 쓰고 싶어! 하는 분들 있는데, 안 된다. 돌아가시라. 스스로를 과신하면 안 된다. 방향을 잘못 잡아서 벽 보고 쓰는 시간이 길어질수록 지치고 힘들어진다. 심지어 첫 작이라면 아직 여러모로 내공이 덜 쌓여 있을 확률이 높다. 그 말인즉, 기대만큼 성적이 나오지 않기 쉽다는 뜻이다. 너무 오래 공을 들였는데 성적까지 안 좋다면 거하게 실망하여 글을 쓰기가 싫어질 수 있다.

그러니 첫 작품은 완결을 꼭 내 보는 것, 거기서 감을 잡아 차기작부터는 내게 맞는 호흡을 적용하는 것이 목표다. 헬스 며칠 바짝 한다고 탄탄한 근육이 생길 리 없다. 근육을 키우는 과정이므로 처음부터 30Km 뛰겠다고 덤비는 건 아닌지 다시 생각해보자.

Stella

로맨스 웹소설 현직 편집자의 코치

난 무조건 네웹소를 갈 거야! 하는 당신에게.

네웹소만 봤고 네웹소에서 시작을 하고 싶으면, 네웹소가 초심자에게 얼마나 어려운 관문인지를 먼저 알아야 한다. 네웹소는 허들이 상당히 높은 편인데, 그런 제반 지식 없이 막연히 네웹소를 목표로 하는 지망생들을 굉장히 많이 보았다.

우선 쓰려는 게 현대로맨스라면, 대표적인 플랫폼은 리디북스다. 그럼 당연히 리디북스를 타깃팅해서 쓰는 것이 맞다. 그럼에도 네이버여야 한다면, 꼭 들어가야 하는 이유를 생각해보자. 이름값, 비교적 안정적인 고료 등이 목적이라면 버틸 수도 있다.

여기서 중요한 건 첫째, 정말 그때까지 버틸 자신이 있는가 = 그만큼 글 쓰는 게 신나고 행복한가. 반응이 없어도. 둘째, 사실은 선택지가 훨씬 폭넓을 수도 있는데 네웹소밖에 보지 않아서 기준치가 네웹소에 맞춰져 있는 건 아닌가? 이 두 가지를 확인하는 것이다. 두 번째 경우는 이전에 이야기했으니 넘어가자. 보통 시나리오, 순문학을 전공한 경우일수록 드라마화 등의 원대한 꿈을 품고, 혹은 작가의 간판으로서 네이버를 선호하는 경향이 있는데, 내 필력이 쩔어서 챌린지부터 다 부수고 올라갈 자신 있다! 이런 경우라면 도전해도 된다. 근데 그게 아닐 경우, 보통 버티다가 멘탈이 털리기 쉽다. 그럼 당연히 효율적인 접근 방법을 고민해야 한다. 우리의 시간과 에너지는 소중하니까. 스트레스 풀려고 글 쓰는 건데 더 받으면 안 되지 않겠는가.

저자 시점에서의 추천 루트는 이렇다.

1. 일단 데뷔한다. 가급적 쉬운 방법으로.
2. 이름값을 조금이라도 만든 다음 네웹소를 다시 타깃팅해 본다. 출판사를 끼든, 챌린지부터 부수고 올라가든 방법은 여럿이다.
3. 물론 그 전에 해당 장르의 인풋은 기본.

이 과정에서 내가 인풋을 많이 해봤더니 아뿔싸, 사실 네웹소보다는 리디가 나랑 더 맞는 곳이었어. 난 19금 장르의 글이 훨씬 잘 써지고 재밌어. 혹은 난 로판이 더 맞고 단권보다 연재가 더 맞네. 그냥 카카오나 시리즈 가야겠다. 아니야 난 역시 네웹소야! 이런 결과치가 나오게 된다. 여전히 네웹소가 궁극적 목표라면 그때 가서 시도하면 된다. 무턱대고 처음부터 네웹소에 덤비다가 지쳐 나가떨어지는 경우가 많은데, 그러지 않기를 바란다.

이건 흔히 기성 작가들이 말하는 '뜨고 나서 쓰고 싶은 거 써'라는 말과 맥락이 다르지 않다. 어떤 목표를 가졌든 간에 기본적인 내 이름값을 쌓는 과정은 필수라는 뜻이다. 처음부터 시장성과 동떨어진 작품을 쓰고 벽을 보며 슬퍼하는 것보다는 우선 내 취향 중에 가급적 읽힐 만한 작품으로 먼저 데뷔를 한 후, 어느 정도 팬층이 생기고 나서 쓰고 싶은 것을 쓰는 것이 작가로서의 정신건강에도 훨씬 좋고 금전적으로도 도움이 된다.

기억하자. 첫 데뷔라면 네웹소는 힘들다. 일단 데뷔부터 하고 생각해보는 것이 좋다. 쓰고 싶은 게 매니악한 소재라면 가급적 첫 작품보단 차기작, 또는 그 다음 작품에 도전하도록 하자.

> 누가, 왜 잘되는가?
> 웹소설을 좋아하고 사랑하는 사람들이 잘된다.
> 첫술에 잘되는 경우도 물론 있지만,
> 첫술이 어떻게 되었든 다음 작품을 또 쓰고 싶을 만큼 이야기를 사랑하고,
> 이야기를 하고 싶어 하는 사람들이 잘된다.

시장성, 취향, 스토리텔링의 상관관계

1) 시장성과 개성 사이의 균형 잡기

아직 감이 안 올 수 있다. 필력은 어느 정도면 되는지, 또 시장성과 취향이 얼마큼 통하면 되는지, 나다운 작품이라는 건 어느 정도까지가 허용 범위인지. 좀 더 명확하고 세세한 분류를 정리하면 이렇다.

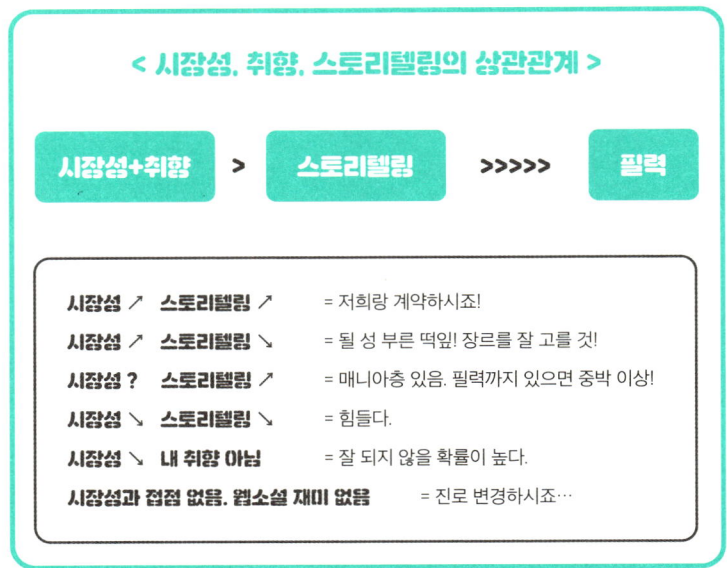

필력이 무엇인가에 대해서는 나중에도 얘기하겠지만 보통 뛰어난 서술과 찰떡 같은 대사, 그림으로 그린 듯한 묘사 같은 것들을 으레 생각할 것이다. 결론부터 이야기하자면 장르소설에서 순문학적인 의미로서의 필력은 생각보다 중요하지 않다. 그보다 훨씬 더 중요한 건 스토리텔링이다.

스토리텔링을 잘한다는 것은 간단하다. 뒷이야기가 궁금하게 만드는가, 아닌가이다. 그 이야기에 귀를 기울이고 싶게 만든다는 뜻이다.

흔히 인터넷에 떠도는 유머 글이나 '여자를 화나게 하는 3가지' 같은 글, 혹은 시댁과의 경험담, 이혼 썰 같은 것들이 필력이 뛰어나서 계속 회자되고 퍼진다고 생각하는가? 그렇지 않다는 걸 모두가 안다. 단순히 그 이야기들이 재미있고 공감을 사기 때문이다. 친구들하고 수다를 떨어도 얘가 이야기하면 재밌고, 쟤가 이야기하면 지루해, 이런 경우가 있다. 그게 바로 스토리텔링이다.

장르소설은 핸드폰으로 보는 것이 기본이다. 필력 위주의 시장이 존재하긴 하나, 그래도 기본적인 시장 방향은 명료하고 가벼운 글이다. 독자들은 필력을 보고 그 소설을 선택하는 것이 아니다. 내가 보고 싶은 이야기인지를 보고 선택한다.

풀어서 설명하자면 지금까지 누누이 강조한 '시장성과 내 취향의 교집합'이 가장 기본 요소라고 했을 때, 그 다음으로 중요한 건 스토리텔링이라는 뜻이다.

그럼 첫 번째, 내 취향과 시장성도 잘 맞으면서 스토리텔링적인 재능까지 있다면? 웬만한 순위권 작품들은 다 내 취향이고 너무나 재미있는 케이스다. 취향적인 면에서 이미 유리한데 글맛까지 있다면 당연히 어느 출판사에서든 모셔 가려고 하는 작가가 될 것이다. 인풋이 압도적이라 첫 작부터 잘될 확률도 높다.

두 번째, 내 취향과 시장성은 잘 맞는데 스토리텔링을 썩 잘하지 못한다면? 이 경우는 노력이 필요하다. 스토리텔링은 다행히 노력의 영역이 꽤 있어서 하면 할수록 실력이 는다. 긍정적으론 될 성 부른 떡잎이라 봐도 될 것이다.

세 번째, 시장성과 내 취향 사이의 접점이 어긋나긴 하는데 스토리텔링은 잘한다? 작품들을 읽다 보면 내 취향이 좀 매니악하구나, 하는 걸 느끼는 경우도 있을 것이다. 그런데 스토리텔링적인 감각은 좋다면, 이 경우에는 보통 매니아층이 생긴다. 만약 여기에 필력까지 좋다면 중박 이상도 충분히 터뜨릴 수 있다. 그래서 가끔 진짜 대박작인데 어떤 유행이나 틀에도 끼워 맞춰지지 않는 독보적인 작품들이 탄생할 때가 있다. 이 경우 그 작품은 그 작가만의 아이덴티티라고 보면 될 것이다. 반대로 말하자면 평균적인 롤모델로 삼기에는 적합하지 않다는 뜻이기도 하다.

네 번째, 시장성과 내 취향이 안 맞고 스토리텔링도 썩 잘하지 못하는 경우. 이 경우는 솔직히 좀 힘들다. 여기까지도 누누이 이야기했듯 장르소설을 좋아하지 않고 팬이 아닌데 작가가 되겠다는 것은 거의 불가능에 가깝다. 다시 말한다. 좋아하지도 않는데 써 보겠다는 것은 매우 어려운 일이다. 이런 경우는 다른 쪽으로 눈을 돌려 보자. 혹은 내 취향을 아직 찾지 못한 경우라면 다방면의 소수 장르들을 섭렵해보는 것도 방법이 될 수 있겠다.

그 비슷한 맥락으로, 시장성에 억지로 끼워 맞춰 봤지만 사실은 내 취향이 아닌 경우도 있다. 이런 경우도 보통은 좋은 결과를 내지 못한다. 억지로 쓴 글은 독자들도 바로 알아보기 때문이다.

마지막으로 한 번 더 정리해보자. 이미 잘된 작품을 벤치마킹하되, 그 안에서 내가 하고 싶은 것의 교집합을 찾아서 쓰는 것. 이것이 가장 핵심이다. 한마디로 윈윈이다. 쓰는 나도 재밌고, 읽는 사람도 많아지는 행복.

그래서 내 취향과 시장성이 잘 맞는 사람일수록 유리하다고 볼 수 있다.
근데 이게 아니라면 어떻게 타협할지는 고민을 해봐야 한다. 이전에도 이야기했듯 최대한 시장성과 겹치는 방향으로 시도해보는 것이다. 하지만 그러고도 정 못 하겠다, 장르소설 자체가 대부분 내 취향에 그다지 맞지 않는다, 라고 한다면? 깔끔하게 포기하는 것도 방법이다. 아니면 판타지 무협, 그조차도 아니라면 SF나 추리 같은 마이너 장르로 갈아타 보도록 하자.

왜? 좋아하지 않더라도 쓸 수도 있지. 그게 잘될지 아닐지 어떻게 알아. 라고 생각할지도 모르지만, 이건 아주 간단한 논리다. 좋아서 하는 사람도 꾸준히 가지 못하면 떨궈지는 시장이다. 심지어 좋아하지도 않는데 한다면? 천재라면 인정한다. 뭘 하든 될 것이다. 그러나 상식적으로는 말이 안 된다. 그리고 우리는 대부분 상식적인, 보통 사람들이다.

웹소설이 아무리 대중 친화적이고 눈높이가 낮아졌다고 하나 엄연히 예술의 영역이다. 내 이야기, 내 작품이라는 뜻이다. 내 이야기. 이게 가장 중요하다.

작가가 되어야 해서, 돈을 벌어야 해서, 유명해져야 해서, 이런 것들보다 가장 중요한 것은 내가 쓰고 싶은가? 쓰면서 재미있고 즐거운가? 이런 고민이다. 장담할 수 있다.

3장

전문가가 알려주는 지름길

웹소설에도 혈액형이 있다

1) 타입에 대한 분석

심리학에 관심이 있는가? 요즘 MBTI 같은 유사 심리학 테스트가 엄청난 인기를 얻고 있다. 사람을 유형별로 나눌 수 있다는 말은 사실 납득이 잘 되지 않는다. 세상에 인구가 70억이 넘는데?

그런데도 이런 테스트가 호응을 얻는 이유는 간단하다. 사람은 어느 정도 심리적인 경향성이라는 것이 있고 '이런 경향을 가진 사람은 이런 행동을 하기 쉽다, 혹은 보통 이런 행동을 한다'라는 것으로 분류할 수 있을 만큼 비슷한 공통분모를 가지고 있기 때문이다.

잘나가는 유명인의 자기계발서, 자전적 에세이 등을 읽으며 아, 나도 이 사람처럼 살아야겠어. 가슴이 두근거린다. 나도 당장 OO부터 시작하자! 하고 열심히 밑줄 쳤던 기억이 여러분에게도 있을 것이다.

웹소설로 치환하면 잘나가는 누구누구 작가의 신작을 보며 아, 어떻게 글을 이렇게 쓰지? 나도 글 쓰고 싶다. 이 사람 반만큼만 쓸 수 있어도 얼마나 좋을까? 하게 되는 생각 말이다. 누구나 한 번쯤 해봤을 법한 상상이다.

하지만 여기서 함정이 있다. 그래서 자기계발서를, 자전적 에세이를 읽은 독자들은 그 책을 쓴 저자처럼 되었을까? 당연하게도 답은 대부분

NO일 것이다. 어째서일까? 첫 번째로는 이게 책이기 때문에 내용을 다 이해했다고 생각했기 때문일 것이다. 언어니까, 한국어니까. 읽을 줄만 알면 모두가 이해할 수 있는 내용이다. 하지만 대부분은 그 글을, 말을 정말로 이해한 것이 아니다. 이해를 한다는 것은 '내 것이 된다'는 의미이기 때문이다.

이 '내 것화'를 하는 과정에서 대부분의 사람들은 떨어져 나간다. 난 안 되나 봐. 재능이 없나 봐. 성실함이 부족한가 봐. 저 사람처럼은 못 하겠어. 하긴, CEO가 괜히 CEO겠어? 대박 작가가 괜히 대박 작가겠어? 하는 생각을 하기에 이른다.

물론 대박 작가들이 감각이 예리하고 뛰어나 시장에 잘 팔릴 만한 작품들을 만들어낼 수 있었던 것도 맞다. 오로지 취향껏 썼을 뿐이라고 하더라도 그 안에 그만큼의 내공과 잠재력이 쌓여 있었기 때문에 가능했던 일이다. 그러나 그들도 누군가의 글을 읽었고 꿈을 키웠으며 그렇게 모으고 모은 것을 '내 것화'해서 세상에 내놓았을 뿐이다. 여러분과 크게 다르지 않다. 세상에 태어나는 순간부터 맛깔나는 스토리텔링을 할 수 있었던 게 아니다. 그저 성실하게 읽고 쓰며 연습하다 보니 가다듬어진 것이다.

핵심은 '내 것화'다. 세상에는 수많은 성향의 사람들이 있고 다양한 종류의 천재들이 있다. 어떤 사람은 수학에서 천재지만 언어적인 능력과 공감력은 최하치를 달린다. 그런데 반대 능력을 평균치로 가지고 있는 사람이 그의 수학적인 능력이 부러워 무작정 그걸 따라 하려고 한다면 잘 될까? 그럴 리가 없다.

무턱대고 아무 작품이나 읽는다고 그것이 내 것이 되지 않는다는 이야기다. 어떤 작품을 읽든 재미있는 것과는 별개로, 나와 스타일이 맞는 작품인지 아닌지를 알아야 한다는 것이다.

그래야만 다른 작품을 롤모델로 삼는다는 것이 의미가 있다. 나와 정반대의 장단점을 가진 작품을 백날 읽어 봐야 이해가 가지 않을 뿐이다. 국어 수재가 수학 천재의 사고방식을 이해할 수 없는 것처럼.
이걸 모르고 오래 길을 가다가 중간에 지치고 좌절하고 뭘 써야 할지 모르게 되는 경우를 대단히 많이 보았다. 이것이 웹소설의 타입을 본격적으로 분석하게 된 이유이기도 하다.

처음에는 작가마다, 작품마다, 어느 정도 비슷한 장단점을 가지고 있다는 걸 눈치채고 생각하게 되었다. 왜 그럴까? 잠시 고민하다가 아, 비슷한 면에서 실수를 하네. 이유가 뭘까? 이어서 더 구체적인 의문을 가졌고, 그에 따라 생각을 거듭하면서 실 사례를 보고, 솔루션을 적용해보고, 결과 내기를 반복하다 보니 대략적인 큰 분류가 존재한다는 것을 알게 되었다. 그리고 그 기준에 맞춰 시장에 나와 있는 작품들을 분석해보니, 어느 정도 잘 팔린 작품들에도 그 장단점이 적용된다는 것을 알게 되었다.
이건 반대로 말하면 초보자들에게는 내비게이션과 같은 것이고, 더 나아가서 이미 몇 작품 써 본 기성 작가들에게는 내가 어떤 실수를 반복하고 있는지, 혹은 어떤 걸 보완하면 되는지를 알 수 있는 기준이 된다.

==잘나가는 작품들 중에서 자신과 성향이 비슷한 작품을 찾아서 롤모델로 삼자.== 오로지 베스트셀러를 주야장천 읽으면서 길을 찾아서는 너무 오래 걸리고 어떤 걸 활용할 수 있는지, 활용해야 할지 파악하기도 힘들다.
하지만 나의 성향과 잘나가는 작품 성향의 공통분모를 파악할 수 있게 된다면 이야기가 달라진다. 어떤 작품을 롤모델로 삼아야 할지, 그리고 그 타입에서 흔히 하는 실수, 장단점이 뭔지 캐치해서 작품의 퀄리티를 끌어올릴 수 있는 것이다. 타입별 분석은 바로 여기에 목표를 두고 있다.

이 도구를 잘 활용한다면 작품들이 분류되어 보이게 될 것이고, 나한테 도움이 될 만한 작품이 어떤 작품들인지 알 수 있게 될 것이다.

2) 내 타입을 알아보자

자, 그럼 타입에 대한 설명을 하기 전에 우선 떠올려 보기로 하자. 여기까지 왔다면 이제 내 취향은 어떠어떠한 작품이야! 하는 정도는 이야기할 수 있게 되었을 것이다. 그리고 슬슬 나는 어떤 이야기를 하고 싶어! 하는 것도 떠오르기 시작했을 것이다.

무슨 이야기가 하고 싶은가? 어떤 소재의 이야기를 하고 싶은가? 혹은 어떤 인물의 이야기가 하고 싶은가? 그 인물과 엮이는 관계는 어떤 포지션이었으면 하는가? 혹은 기가 막힌 테마나 아이디어가 떠올랐는가? 아니면 영화처럼 어떤 한 장면이 머릿속에 그려지는가?
뭐가 됐든, 나를 가슴 두근거리게 하는 무언가가 있었을 것이고, 거기서부터 이야기를 만들고 싶어졌을 것이다. 그 정도면 충분하다. 이제 웹소설의 3가지 타입을 소개하겠다.

여성향 웹소설은 총 3가지 타입이 있다.
관계 타입, 컨셉 타입, 영화 타입.

그럼 난 대체 어떤 타입일까? 아주 간단한 질문 하나로 알 수 있다.

Q. 이야기를 구상할 때, 뭐부터 떠올렸는가?

A) 서로 성격이나 상황이 상극인 두 사람이 동시에 떠오른다. 이런 관계 재미있겠다! 하고. 혹은 한 명이 먼저 떠오르기도 한다. 그 인물이 어

떻게 변해 가는지, 거기에 영향을 주는 건 어떤 사람인지가 함께 떠오른다.
→ **관계 타입**

B) 어떤 독특한 아이디어, 테마부터 반짝! 떠오른다. 세계가 뒤바뀐 컨셉! 조건부 만남! 키다리 아저씨! 이런 소재로 이야기를 만들어 보면 재미있겠다! 하는 생각이 들어서 거기서부터 남주 여주를 잡게 되고 그 외의 이야기들을 떠올리게 된다.
→ **컨셉 타입**

C) 특정 사건, 장면이 먼저 떠오른다. 그래서 거기서부터 상상이 이어져 구체적인 인물상이나, 배경은 어떻게 될지 등을 자연스럽게 떠올리게 된다. 혹은 보고 싶은 상황 하나를 위해 전체 이야기를 생각하게 된다.
→ **영화 타입**

구상을 하는 접근 방식의 차이가 가장 크지만, 또한 그 이야기를 가장 '하드캐리하는 것이 무엇인가'와도 밀접한 연관이 있다.

관계 타입은 관계 자체가 그 이야기를 끌고 나가고, 컨셉 타입은 그 컨셉이나 소재가 없으면 작품 자체가 성립되지 않는다. 영화 타입의 경우 가장 중요한 사건이나 장면이 무게 중심이 된다. 오로지 그 상황을 위해 나머지 모든 것들이 준비되는 것이다.

보통 높은 확률로 나와 같은 타입의 작품을 선호하거나, 다른 타입의 작품을 보게 되더라도 내 타입에 주목하고 보게 되는 성향이 있다. 예를 들어 관계 타입이라면, 스포츠 소년 만화를 봐도 그 만화 속의 캐릭터성이나 인물 간의 관계도에 주목을 하게 된다. 컨셉 타입이라면 감정선이 강한 작품을 보더라도 어떤 컨셉과 아이디어로 이야기를 끌어 나가는지에 집중해서 보게 되는 식이다.

관계는 주로 '이 여주/남주 or 관계가 어떻게 바뀌어 가는가'에 중점을 두고, 컨셉은 주로 '어떤 상황에 여주/남주를 놓이게 할 것인가'에 중점을 두고, 영화는 '어떤 장면이 재미있겠는데 여주/남주를 어떻게 하면 이 장면이 나오게 할 수 있지?'에 중점을 둔다.

타입이 대략적으로 파악이 됐는가?

한 가지 주의할 점은 한 타입에만 100% 속하지 않는다는 것이다. 영화+관계인 경우 장면 장면을 떠올리면서 인물의 행동 동기를 함께 생각한다. 컨셉+관계인 경우 컨셉을 짜면서도 그 컨셉으로 인물이 어떻게 움직일지를 생각하는 식이다.

분명한 것 하나는 작품을 쓰면 쓸수록, 내공이 쌓이면 쌓일수록 서로서로의 타입에게 발을 걸치는 방향으로 발전하게 된다는 것이다. 그러니 칼처럼 구분하려고 너무 애쓸 필요는 없다. 그저 내 이야기의 메인 포커스가 어디에서 출발하는지를 알면 된다.

초보일수록 에이, 잘 모르겠어. 그냥 그런가 보지~ 하고 넘기는 경우가 굉장히 많은데, 이 타입 분석에 대한 이야기는 내공이 어느 정도 쌓였을 때 정말 강력한 힘을 발휘한다. 그러니 헷갈린다면 나의 메인 타입이라 생각되는 한 가지만이라도 확실하게 쥐고 가도록 하자. 그것만으로 충분하다. 타입에 대한 상세한 설명과 각각의 장단점은 다음 페이지에서 더 구체적으로 알아보도록 하자.

웹소설 타입 1
관계

1) 관계 타입의 속성

저자는 수강생이 관계 타입이라고 하면 박수를 짝짝짝 친다. 왜냐면 여성향에서 가장 될 성 부른 떡잎이 관계 타입이기 때문이다.

나중에 뼈대(플롯) 세우는 법을 이야기하면서 설명하겠지만, 사실 여성향 로맨스의 중심은 두 사람의 관계가 쥐고 있다고 해도 과언이 아니다. 사람들이 로맨스, 로판, BL을 왜 보는지를 생각해보면 바로 알 수 있다.

보통 드라마나 소설을 볼 때 어디에 가장 집중해서 보게 되는가? 서로 얽히고 관심을 가지게 되는 그 순간. 밀어내면서도 마음이 가는 그런 사건들. 결정적인 첫 키스. 오해를 풀고 갈등을 뛰어넘어 결국 마음이 이어지는 바로 그때를 보기 위해서다. 여성향을 보는 독자들 대부분이 남주, 여주(혹은 공,수)의 '관계 변화'를 보기 위해서 작품을 본다는 뜻이 된다.

한데 관계 타입의 경우 누가 시키지 않아도 이미 관계를 위주로 이야기를 구상하고 있다. 엄청난 장점이다. 초반에 주로 인물을 구체적으로 잡는 과정에서 조금 헤매는데, 계속 쓰다 보면 결국 성공하는 것도 관계 타입이다.

둘의 관계성이 케미 터지고, 대사도 찰지고 쫙쫙 달라붙는다, 싶은 작품들이 관계 타입이거나 관계 타입에 발 걸친 경우가 많다.

관계 타입의 구상 예시는 이런 식이다.

> **로맨스**
> 고아원 출신으로 상처를 안고서 큰 기업 대표가 된 남주가 어릴 적 자신에게 용기를 줬던 여주를 우연히 만나 사랑에 빠지고 치유받는 거 보고 싶다.
>
> **BL**
> 아, 개차반 재벌공이 무디고 착한 수한테 멍멍이 짓하다가 수가 진짜로 화내고, 거기에 충격받아서 후회하고 사람 되는 거 보고 싶다. 근데 수는 안 받아주는 거야. 후회하면서 구르겠지? 어떻게 하면 받아줄까?

2) 관계 타입의 장단점

관계 타입의 장점은 아주 명확한데, 위에서도 설명했지만 둘의 관계성을 핵심 키로 쥐고 간다는 점이다. 이 경우 무게 중심이 잘 잡혀 있기 때문에 웬만해서는 글이 산으로 가거나, 뒤로 가면서 망가지거나 하는 경우가 잘 생기지 않는다. 엄청난 장점이다.

마찬가지로 인물이 갑자기 이상하게 행동하거나(흔히 캐붕이라 말하는), 좋아하게 됐다는데 이유를 알 수 없거나(대체 왜 좋아진 건데?) 하는 식의 함정에도 잘 빠지지 않는다. 인물의 행동 동기를 생각하기 때문이다.

물론 몇 가지 단점이 두드러지는 경우도 있다. 대표적으로 떠올린 관계 자체가 시장성과 너무나 안 맞는, 오로지 나만의 취향인 경우. 남주가 무매력에 제멋대로에 재활용 불가 수준인데 여주는 거기에 휘둘리면서 맨날 우는 그런 로맨스가 취향이다, 라고 한다면 다시 생각해보기를 권한다.

혹은 아예 하드코어 플레이가 내 주된 관심사이거나, 범죄자와 피해자 사이의 관계처럼 위험한 전제가 취향일 수도 있다. 역시 다시 생각해보

자. 로맨스 쪽은 내 길이 아닐 수도 있다.

또 하나, 관계 타입의 고질병이라 부를 만한 것 중의 하나가 TMI(Too Much Information)이다. 설명을 너무 자세하게 한다. 특히 인물에 대한 설명이 많은데 심지어 등장인물까지 다양하다면 그 부가 설명은 글에서 높은 지분을 차지하게 된다. 중요한 건, 독자들은 궁금해하지 않는 경우가 많다는 것이다.

묘사는 강조해야 할 때가 있고 아닐 때가 있다. 남주, 여주 / 공, 수의 모든 말과 행동과 감정을 다 설명할 필요는 없다는 뜻이다. 조연 하나하나의 사정이나 심리까지 알 필요도 없다. 심지어 어떨 땐 대사 한 번 쓰고 묘사 한 번 한다. 그러지 말자. 특히 중요한 장면이고, 속도감 있게 강렬하게 보여 줘야 할 때 대사 한 번에 서술 한 번, 또 대사 한 번 서술 한 번 쓰고 있으면 독자들은 설명 좀 그만해! 하고 외치게 된다. 당신이 그리는 그 인물은 이미 충분히 매력적이고, 독자들은 바보가 아니다. 욕심을 조금만 내려놓자.

3) 종합 진단

글 호흡은 주로 연재보다는 단권에 맞는다. 인물의 심리가 사건, 스토리와 유기적으로 엮여 있는 경우가 많기 때문에 전체적으로 심리 묘사나 서술이 많고 호흡이 조금 느린 편이다.

억지로 끊어 치기, 절단 신공, 화별 내용 나누기, 이런 거 잘 안 되는 타입이다. 50화에 무조건 완결 내야지! 했다가 쓰다 보니 늘어났어… 70화야… 한다면 대부분 관계 타입이다. 난 왜 책상 앞에 3시간 앉아 있었는데 남들만큼 분량이 안 뽑히지? 하고 고민한다면 보통 관계 타입이다. 엉덩이 힘과 글의 질과 양이 비례하지 않는다.

정서적인 영향을 가장 많이 받는 타입이기도 해서, 소위 '그분'이 왔을 때 혹 써지는 경향도 두드러진다. 그래서 관계 타입은 어느 정도 인물 설정이 잡히고 감정선이 궤도를 탔을 때 웬만하면 글을 쭉 써 나가는 편이 좋다. 그 감각을 놓치면 다시 처음부터 따라가야 하는 경우가 종종 있기 때문이다. 궤도가 잡혔을 때 시놉시스를 디테일하게 뽑아 두는 것도 좋은 방법이다.

또한 글이 유기적으로 엮여 있는 특성이 강하기 때문에 나중에 글을 수정하기 힘든 경우가 많다. 보통 이 경우 대공사가 될 확률이 높으므로, 미리미리 판을 잘 짜고 들어가도록 하자.

이 타입은 궤도에 오르면 인물들이 어찌 말하고 행동할지가 대략적으로 그려지게 되는데, 그렇다 보니 자연스럽게 19금을 잘 쓰게 되기도 한다. 내공이 깊어지고 글을 잘 쓰게 될수록 인물 심리를 세분화해서 쪼갤 수 있게 되며, 어디까지 대사와 행동으로 보여줄지도 자연스럽게 습득하게 된다. 끓어 치기는 그쯤 됐을 때 하면 더할 나위 없다.

만약 스스로가 관계 타입 과도기다! 하고 느껴진다면 아무것도 걱정하지 말고 그냥 쓰도록 하자. 계속 가다 보면 결국 목적지에 도달하게 될 것이다.

< 관계 타입 가이드 >

추천 플랫폼 : 리디북스 / 시리즈
추천 판매 방식 : 연재 < 단권

*추천은 어디까지나 추천으로, 장르에 따라, 글의 전체 길이와 분량에 따라, 심지어 어느 출판사와 계약을 했는지에 따라서도 다 달라질 수 있다. '잘 맞는 경향성' 정도로 보면 되니 참고하자.

웹소설 타입 2
컨셉

1) 컨셉 타입의 속성

컨셉 타입은 어떤 아이디어, 소재 등의 컨셉을 떠올리는 데서부터 이야기가 구상되기 시작한다. 전생에 용을 구했는데 남주가 되어 돌아왔다! 꿈에서 맨날 같은 여자를 만나는 남주! 엄청난 요리로 세계를 제패하는 여주! 반복되는 게임 속에 갇힌 메인공! 선녀와 나무꾼의 현대판 BL! 이런 류다.

컨셉 타입이라는 건 단순히 아이디어나 소재를 적용했다고 해서 컨셉 타입이 되지는 않는다. 그렇게 치면 컨셉 타입이 아닌 작품이 거의 없어진다. 컨셉 타입이란 컨셉이 그 이야기 자체를 완전히 끌고 가는 핵심 축인 경우다. 컨셉이 없다면 이야기가 아예 이루어지지 않는다고 봐도 무방하다.

컨셉 타입은 사실 현대로맨스를 제하고는 꽤 흔하게 보이는 타입이다. 현대로맨스의 배경 설정상 컨셉을 잡기가 어렵다는 이유 때문인데, 그래서 현대로맨스에서 컨셉을 쓸 경우 약간의 판타지 요소(몸이 바뀜, 꿈, 전생 등)를 차용하거나 조건 만남, 계약 결혼, 쇼윈도 부부 등의 무난한 컨셉을 활용한다. 아무래도 세계관적인 한계가 뚜렷한 편이다.

이 타입이 가장 흔하게 보이는 것은 로맨스판타지, 또 제일 다양하고 독특한 쪽은 BL이다. 로맨스판타지는 세계관 자체가 판타지다 보니 좀 더 상상력을 폭넓게 활용할 수 있어서, BL은 심지어 로맨스, 로판에 적용되는 심리적인 틀 같은 데서조차 자유롭기에 더더욱 활용의 폭이 넓어서다. 그래서 기상천외한 컨셉이다 싶은 BL작품도 종종 볼 수 있다.

이 컨셉이란 것에는 두 가지 종류가 있다. 하나는 세계관, 아이디어적인 컨셉. 또 하나는, 관계적인 컨셉이다. 관계 타입과 컨셉에서의 관계가 대체 뭐가 다른 거지? 하고 헷갈리는 경우가 종종 있는데, 이것은 둘의 '구도'에 초점을 맞추느냐, 둘의 '관계 변화성'에 초점을 맞추느냐의 차이다. 관계 '컨셉'은 인물의 성격적인 디테일, 과거, 행동 동기 같은 것을 떠올리지 않는다. 그냥 구도로 접근을 한다. '흥미로워 보이는 구도'로. 반면 관계 타입은 '인물이 변화해 가는 방향과 이유'로 접근을 한다.

예를 들어 '백작과 건방진 시종의 BL이 보고 싶어!'라고 하면 그냥 그 둘의 구도적인 컨셉에 초점이 맞춰져 있다. 이 경우 컨셉 타입이다. 반대로 '앗, 순수했던 백작이 건방진 시종을 만나 점점 못돼지고 흑화해서 시종을 역관광시키는 게 보고 싶다! 어떻게 하면 흑화할까?'라고 생각한다면 관계 타입이다. 질문을 던져 보자.

Q1. 폭군 아빠와 막내 공주가 보고 싶다! 이렇게 생각했다면?

A1. 컨셉 타입

Q2. 개아가 남주가 힘들게 살아온 여주 만나서 바뀌는 거 재미있겠다! 이렇게 생각했다면?

A2. 관계 타입

이 부분에 대해 질문하는 경우가 많기에 한 번 더 설명하겠다. '비서와 까칠한 냉미남 CEO'를 떠올렸다고 해보자. 이 경우 비서가 어떤 성격인지, 까칠한 냉미남은 왜 까칠해졌는지, 그래서 비서의 어떤 면에 반하게 될지, 그런 걸 떠올리는 느낌은 아니다. 그냥 오, 이런 구도 재밌겠는데? 여기에 포커스가 있다. 이쪽은 컨셉 타입이다.

이런 식으로 구분하면 된다. 이런 구분을 왜 머리 아프게 해야 하는지 의문을 가질 수 있다. 사실 초보자일수록 이런 이야기가 머리만 아프고 잘 와닿지 않을 수 있다. 괜찮다, 어차피 인풋하다 보면 자연스럽게 시야도 길러지니까. 중요한 건, 그래서 컨셉의 장단점을 어떻게 살리면 되는가 하는 것이다.

2) 컨셉 타입의 장단점

누군가 연재 시장에서의 최강자가 누구냐 묻는다면 컨셉 타입이라 답하겠다. 그만큼 컨셉 타입의 상위권 탈환률은 굉장히 높다. 이유인즉, 컨셉을 재활용 및 업그레이드하면서 이야기를 끌고 가다 보니 호흡도, 전환도 빠르고 늘어질 위험도 크지 않다. 심지어는 인물이 좀 이상하게 행동하거나 감정선이 삐딱선을 타도, 컨셉이 그걸 다시 끌고 와 주는 무게 중심 역할을 한다.

이를테면 '폭군 아빠와 딸' 컨셉이라고 했을 때, 딸의 연애 이야기가 나왔는데 남주가 별로이고 연애 이야기가 재미없고 헛발질을 하더라도, 아빠를 등장시키는 순간부터 다시 안정되는 것과 같은 이치다. 그래서 웬만한 잔구멍들은 컨셉이 메워 주는 역할을 하기 때문에 사실 활용만 잘 할 수 있다면 컨셉 타입만큼 수월한 타입이 없다. 하지만 반대로 말하면 그 부분이 양날의 칼이기도 하다.

컨셉을 어설프게 잡았거나, 이야기 중반에 끝날 수밖에 없는 설정일 경우 급속도로 작품을 무너뜨리는 역할을 한다. '여주가 악녀의 남친을 뺏는 복수물 컨셉'을 쓴다고 가정해보자. 프롤로그는 멋지게, 남친과 끌어안고 악녀 앞에 당당하게 모습을 드러내는 것으로 시작한다. 그럼 악녀는 깜짝 놀랄 것이다. 내 남친이! 하고 입을 가리고, 여주는 잘 봐 이제 내 거야. 하면서 위풍당당하게 이야기가 시작된다. 보통 이 경우, 그래서 어떻게 된 거냐면~ 하면서 그 악녀가 어떤 악녀 짓을 했고 여주가 어떤 계획을 세웠던 것인지 등을 보여주게 되는데, 이 경우 그래서 남친을 꼬셨고 복수 성공했음! 하는 순간 컨셉이 끝이 난다. 이후에는 할 이야기가 없어지는 것이다. 말 그대로 양날의 칼이다.

이번엔 여주가 폭군 오빠로부터 살해당할 위험에 처한 여동생 역할을 맡게 됐다고 해보자. 그래서 어릴 적부터 자신의 생존을 위해 비위도 맞추고 도망칠 길을 찾다가, 마침내 오빠의 마음을 얻고 살해 위협에서 벗어날 수 있게 되었다고 해보자. 이 경우도 마찬가지다. 그 순간부터 더 이상 할 이야기가 없어지는 것이다. 아직 던져 놓은 사건은 구만 리인데. 이걸 해결하기 위해서는 처음에 컨셉을 짤 때부터 주도면밀하게 설계를 할 필요가 있다. 컨셉이 어설퍼서 독자들을 쭉 끌고 가기엔 파워가 약하지 않은지, 혹은 중간에 뚝 벼랑 끝에서 떨어지듯 끝나진 않는지. 혹은 중간에 끝이 날 수밖에 없다면 그 역할을 대체해줄 대체재가 자리를 메꿀 수 있는지 확인해야 한다.

그 컨셉을 이어받아 줄 변수를 준비해서 생명선을 연장하거나, 로맨스 라인을 강화해서 그쪽으로 무게가 쏠리게 만들거나, 정말 말 그대로 새로운 대체재를 준비하거나. 물론 어느 쪽이든 자연스럽게 조금씩 떡밥이 준비되어 왔어야 어색함이 없기 때문에 사전에 어느 정도 재료를 깔아둘 필요가 있다.

이를테면 예시들 중 여주가 악녀의 남친을 빼앗은 경우. 이때는 훌륭하게 복수를 한 이후에 그 악녀가 새로운 남친을 만들면서(물론 갑자기 등장하면 안 된다) 다시 2:2 대결 구도를 만든다거나, 여주한테 그동안 미안했다고 사과를 하는 척하면서 남여주 사이에 함정을 팔 수도 있다(역시 함정의 소스는 준비되었어야 한다). 아니면, 처음부터 남주와 여주가 이어지는 순간부터 최종 보스가 될 인물을 설정해서 악녀가 그 인물과 편을 먹도록 구도를 짤 수도 있다. 그리고 더 큰 사이다로 2차 복수 엔딩을 내는 것이다.

폭군 아빠와 막내 공주라면, 꽁냥꽁냥이 슬슬 끝나고 딸이 성인이 될 즈음, 그 전부터 매력을 은근히 뿌려 놓은 남주를 본격 무대에 등장시켜서 아빠보다 더 멋진 매력을 뿜뿜하며 여주를 사로잡는 구도를 짤 수도 있다. 이런 준비 없이 갑자기 절벽에 맞닥뜨리는 경우, '어, 안 되는데, 이런 컨셉이었으니까 계속 이대로 가야 하는데?' 이런 생각에 억지로 밀어붙이게 되는 일이 생긴다. 그럼 독자들은 그걸 귀신같이 알아채고 남주 대체 왜 저래요? 여주 감정이 이해가 안 가요. 이런 반응을 보인다.

대책 없이 글을 쓰다가 뒤에 가서 '재미없어요, 하차합니다.' 같은 댓글을 받지 않기 위해, 준비는 많이 할수록 좋다. 너무 준비만 하다가 지치지만 않는다면!

3) 종합 진단

컨셉은 연재 최강자지만 그만큼 양날의 칼이라는 것, 현대로맨스의 경우 컨셉을 잘 살리는 데에 한계가 있을 수 있으므로 상상의 나래를 좀 더 펼쳐 봐도 괜찮다는 것. 무엇보다 애초에 컨셉 자체가 시장성과 너무 엇나가는 지극히 개인 취향적인 컨셉이지는 않은지에 대한 주의가 필요하다. 또한 컨셉 타입은 글이 안정되어 갈수록 인물 심리 묘사에 좀 더 집중하는 경향이 있다. 보통 컨셉이 재활용되는 과정에서 감정선을 어느 정도 자연스럽게 습득하기 때문에, 작품을 쓰면 쓸수록 감정 묘사도 잘하게 되는 케이스가 많다.

< 컨셉 타입 가이드 >

추천 플랫폼　　: 카카오페이지 / 시리즈
추천 판매 방식 : 단권 < 연재

*추천은 어디까지나 추천으로, 장르에 따라, 글의 전체 길이와 분량에 따라, 심지어 어느 출판사와 계약을 했는지에 따라서도 다 달라질 수 있다. '잘 맞는 경향성' 정도로 보면 되니 참고하자.

웹소설 타입 3
영화

1) 영화 타입의 속성

영화 타입은 주로 어떤 한 사건, 특정 장면에서부터 이야기가 시작된다. 어! 여주가 첩으로 팔려 가기 싫어서 도망치려다가 갑자기 밤길에 이상한 가면을 쓴 남자를 마주치는 거야! 뒤에서 사람들이 쫓아오는데 남자가 여주를 붙잡았더니 못 보는 것처럼 지나가는 거지! 오 재밌겠다. 그럼 어떻게 시작해야 하지? 남주 설정은 뭐로 하지?

바로 이런 타입이다. 영화 타입이 꽤 많다. 그리고 영화 타입은 대다수가 글을 대사 위주로, 드라마 시나리오처럼 많이 쓴다. 시각적인 면이 다른 타입보다 두드러진다는 뜻이기도 하다. 실제 영상처럼 상상을 하는 데다가 대사 위주로 쓴다는 것은 장점이기도 하지만, 반대로 설명이나 서술이 부족해지기 쉽다. 웹소설은 영상과는 포맷이 다르다는 점을 꼭 기억해야 한다. 글이기 때문에 대사만으로는 내 상상이 그대로 독자에게 전해지지 않는다. 적재적소에 꼭 필요한 설명과 서술을 넣어주지 않으면 불친절한 글이 되기 십상이니, 영화 타입이라면 주의하도록 하자.

2) 영화 타입의 장단점

사실 영화 타입은 아직 어떤 타입인지 명확하지 않을 때일수록 나타나기 쉽다. 이제 시작한 지 얼마 안 된 초보일수록 영화에 속할 확률이 높다는 뜻. 내공이 쌓인 이후엔 여전히 장면 위주로 구상을 시작하더라도 어떤 방향으로 뼈대를 덧대어야 하는지가 좀 더 명확해진다.
그리고 그 방향은 주로 관계에 발 걸치거나, 컨셉에 발을 걸치는 식이다.

영화 타입의 장단점은 아주 뚜렷하다. 일단 그냥 그때그때 보고 싶은 장면들 위주로 쓰다 보니 장면에 대한 몰입력 자체는 좋은 편이다. 근데 또 그때그때 보고픈 것들만 떠올리다 보니 각각이 하나하나의 퍼즐 조각이 되어, 어떻게 연결하면 좋을지 잘 모르게 된다. 그렇다 보니 대표적인 특성 중 하나가 뒤로 가면서 개연성이 폭망하게 되거나 오락가락하게 되는 상황이 자주 발생한다. 이 경우 문제는 사건적인 개연성에서 일어나기도 하고, 감정적인 개연성에서 일어나기도 한다.
남주가 여주를 좋아한다는데 대체 왜지? 여주가 남주를 갑자기 싫어한다는데 왜 그러는 거야? 우리 아이가 갑자기 달라졌어요! 급의 의문을 품게 만드는 경우도 종종 생긴다. 사건과 사건, 장면과 장면을 어떻게 연결해야 할지 잘 모르기 때문이다. 혹은 쓰고 싶은 것들 위주로 집중하다 보니 독자들이 볼 때 이상해 보일 수 있는 부분을 눈치채지 못하고 넘어가는 경우도 많다. 이런 경우가 사건적인 개연성 문제가 된다.

저자는 보통 이런 문제를 해결하는 방법으로 일관적인 솔루션을 제시하는 편이다. 이런 문제는 보통 그 '장면들'을 관통할 줄기가 엮어지지 않았기 때문인 경우가 많다. 그 줄기를 잡기 위해서는 처음으로 돌아가서 인물 설정값부터 다시 잡아야 한다. 개연성이 부족한 이유는 개연성을 부과할 기준 자체가 정해지지 않았기 때문이니까.

그리고 보통 그 '기준'의 가장 큰 지분은 로맨스에선 '남여주의 관계'가 가지고 있다. 관계 타입이 열쇠를 쥐고 있는 것과 같은 맥락으로(단, 로맨스가 약한 작품이라면 가장 중심이 되는 메인스토리에 따라 단계를 정리해 봐야 한다).
관계의 발전 단계라고 하면 대략 3~4개 정도를 잡을 수 있는데, '관심을 가짐 → 좋아하게 됨 → 갈등과 오해 → 사랑에 빠짐.' 이런 식이다. 최소한 이 4단계 정도는 잡아 줘야 한다.

> **이를테면 까칠한 CEO 남주, 비서 여주라고 했을 때**
> 1. 비서가 어릴 적 첫사랑을 떠올리게 해서 관심을 가짐.
> 2. 사실 남주에게 어떤 문제가 있는데 여주가 그걸 매끄럽게 커버해 줌.
>   유능함과 한결같은 미소에 남주는 폴인럽.
> 3. 경쟁자가 둘 사이를 눈여겨보다가 이간질.
> 4. 위기로 인해 자기 마음을 드러내게 된 남주, 해피엔딩.

이 정도는 해줘야 한다는 뜻이다. 그러고 나서 떠올린 장면과 사건 등을 끼워 넣을 수 있다면 끼워 넣고, 그게 아닌 부분은 과감하게 버려야 한다.
이것은 삼각형 그리기를 예시로 들면 이해가 쉽다. 점 세 개를 찍었으면 그 사이를 이어야만 삼각형이 되는 것이다. 관계의 발전 과정이 그 점 역할을 하는 것인데, 떠올린 꼭 넣고 싶은 장면 중 하나가 도저히 생길 수 없는 일이라면? 그걸 억지로 넣으면 사각형, 오각형이 되지 않겠는가. 혹은 정체불명의 도형이 되거나. 그러니 뭘 우선해서 어떤 걸 포기해야 할지 기준을 명확하게 정해야 한다. 안 그러면 글이 높은 확률로 산으로 가게 되니까.
사건적 개연성인 경우에는 스스로 시간을 두고 재점검을 하면서 뭔가 너무 허술한 부분이 없는지 확인해 보아야 한다. 조금 전 이야기한 글의 무게추, 발전 단계를 짤 때 보통 웬만한 중요한 사건은 함께 들어가기 때문에 기본 작업을 제대로 해줬다면 큰 사건에서 개연성이 박살 나는 일이 그리 흔하게 생기진 않는다. 그러나 위화감은 들 수 있고, 이런 자잘한 부분이 독자들의 몰입력을 확 떨어트리므로 여전히 주의할 필요는 있다.

3) 종합 진단

굳이 따지자면 단권보다 연재가 맞는 쪽이다. 의식의 흐름대로 글을 쓰다 보니 일단 쓰기에 편한 타입이고 속도도 빠른 편이다. 대신 중간중간 오락가락하거나 글이 산으로 가거나, 혹은 뒤에 가서 급격히 무너지지 않길 바란다면 기초 공사를 꼭 잘 하고 들어가도록 하자. 그게 아니면 컨셉을 적당히 떠올려서 중심 잡는 역할을 해주는 것도 좋다.

자세한 사례는 뒤에서 인물 설정, 스토리 뼈대 세우기, 실제 장면과 대사 쓰기에서도 예시를 들어 계속 설명할 것이기 때문에 기본 개념만 머릿속에 잘 정리하고 넘어가도록 하자.

< 영화 타입 가이드 >

추천 플랫폼 : 카카오페이지 / 시리즈
추천 판매 방식 : 단권 = 연재

*추천은 어디까지나 추천으로, 장르에 따라, 글의 전체 길이와 분량에 따라, 심지어 어느 출판사와 계약을 했는지에 따라서도 다 달라질 수 있다. '잘 맞는 경향성' 정도로 보면 되니 참고하자.

타입별 잘 맞는 장르

1) 관계

BL에서 최고의 기량을 발휘한다. 혹은 19성향 로맨스도 괜찮다. 주로 씬을 잘 쓰는 케이스가 관계 타입에 많다. 인물에 이입을 잘하는 편이기 때문.

만약 전연령 로맨스/로맨스판타지를 쓰고자 한다면, 세계관이나 곁가지 사건들은 가급적 최소화하고 둘의 관계에 집중할 수 있는 구도로 짜는 것이 좋다. 이 타입의 경우 세계관적인 부분은 쓰면 쓸수록 실력이 늘기 때문에 욕심이 있다면 나중에 도전해보는 것도 괜찮다. 다만 대서사시급 작품을 쓰고 싶다면 인물 하나하나에 집착하게 될 수 있기 때문에 중간에 지쳐 나가떨어지거나 산으로 갈 확률이 높아진다. 첫 작품이라면 가급적 인물 구도는 단순명료하게 설정하자.

2) 컨셉

로맨스판타지에서 최고의 기량을 발휘. BL도 좋다. 이 타입은 컨셉을 적극적으로 활용하여 이야기를 끌어 나가기 때문에 다방면으로 소재를 창조/응용하기 좋은 로맨스판타지에서 두각을 드러낼 수밖에 없다. 같은 맥락으로 판타지적 세계관의 BL과도 잘 맞는다. BL은 워낙 소재를 다양하게 활용할 수 있기 때문에 꼭 판타지가 아니어도 온갖 컨셉을 활용할 수 있으므로 굉장히 좋은 장르.

현대로맨스, 사극풍의 경우 소재가 한정되어 있어 보통 컨셉 타입이 이 장르를 쓸 경우 주종관계/비서와 사장/계약 연애/남장여자 등의 아이디어가 일반적이다. 좀 더 신선하게 쓰고 싶다면 무리하지 않는 선에서 타임슬립 등의 판타지적 요소를 끼얹어 주는 것도 좋은 방법이다. 과하지만 않으면 이야기를 훨씬 신선하게 만들 수 있다.

3) 영화

일반 현대로맨스, 로맨스판타지가 비교적 잘 맞는다. 기본적으로 감정선을 깊게 파고드는 타입이 아니기 때문에(관계 타입에 발을 걸친 경우 제외), 너무 감정 중심적인 서사(본격 치정극이라거나, 내연녀가 여럿이라거나, 인물의 내적 성장에 집중되어 있다거나 등)로 판을 짜지만 않으면 큰 문제가 생기지 않는 편.

다만 뒤로 갈수록 약해지는 특성이 가장 두드러지는 게 영화 타입이고, 인물들의 행동 동기가 제일 명확하지 않은 것도 영화 타입인 경우가 많으므로 이야기의 핵심에 해당하는 무게 중심은 꼭 잡고 시작하는 것이 좋다. 언제 산으로 갈지 모른다.

가볍고 쉽게 쓱쓱 써나가는 경향이 있기 때문에 장르적 특성 자체가 가벼운 전연령 로맨스판타지와 잘 맞고, 현대로맨스도 로맨틱 코미디 쪽이 주로 잘 맞는 편이다.

Stella

로맨스 웹소설 현직 편집자의 코치

타입은 절대적인 지표는 아니다. 글이란 유기적이기 때문에 100% 숫자처럼 딱딱 떨어지게 나눌 수는 없다. 다만 이런 분류가 필요한 이유는 타입에 따라 글 스타일이 워낙 다르고, 그래서 어떤 작품을 어떤 식으로 참고해야 할지 헤매는 사람들이 너무 많기 때문이다.

나의 글 스타일과 사고방식 자체가 다른 작품은 아무리 열심히 읽어도 내 것으로 소화하기가 힘들다. 그러나 같은 타입의 글은 장단점도 흡사할 뿐더러 글에 접근하는 사고방식도 유사하다. 나보다 앞서 있는 내공의 비슷한 타입 작품이라면 아주 높은 확률로 내 롤모델이 될 수 있다는 뜻이다. 타입을 찾기 위한 지표로 사용하면 된다. 사람으로 치면 MBTI가 정말 모든 사람에게 100% 들어맞는 게 아닌 것처럼 여기에 너무 매몰될 필요는 없다.

하지만 큰 흐름과 방향은 높은 확률로 적용이 되므로, 앞으로 쭉 글을 써나가면서 중요한 무기로 쥐고 가도록 하자. 헤매는 시간을 줄이는 데에 많은 도움을 줄 것이다.

안 맞는 타입을 쫓아가려고 애쓸 필요 없다. 이런 식의 노력 역시 기존에 경고했던 '마의 구간'에 속한다. 내가 정말 잘할 수 있는 길을 두고 딴 길로 돌아가게 될 수 있다. 이를테면 영화 타입이고 관계 타입 지분이 거의 없는데 감정선 쩌는 19금 작품 보면서 난 왜 이렇게 못 쓸까… 할 필요가 없다는 뜻이다. 나는 내가 잘하는 걸 하면 된다.

"

같은 타입의 글은 장단점도 흡사할 뿐더러
글에 접근하는 사고방식도 유사하다.
나보다 앞서 있는 내공의 비슷한 타입 작품이라면 아주 높은 확률로
내 롤모델이 될 수 있다는 뜻이다.

"

4장

케미 쩌는 남주 & 여주 만들기

쫄깃한 로맨스는 두 주인공으로부터

1) 인물 설정을 시작하기 전에

우선 인물을 설정하라고 하면 '로맨스 남주? 그냥 드라마에 나오는 그런 남주를 쓰면 되잖아. 여주는 아침 드라마 같은 여주 쓰면 되지 않나?' 이렇게 생각하는 경우가 많다. 물론 틀린 말은 아니다. 다만 이 막연한 개념만 가지고 떠올리는 것과 정확한 포커스를 알고 떠올리는 것은 상당한 차이가 있다.

독자들이 장르소설을 보는 이유는 바로 '대리만족'을 위해서다. 그럼 무엇을 향한 대리만족일까? 악역에 대한 징벌, 사회적 성공에 대한 뿌듯함, 통쾌한 복수에서 오는 짜릿함, 여러 가지가 있지만 가장 메인은 다름 아닌 '로맨스'다. 대리 연애를 하는 듯한 쫄깃함이 여성향 웹소설의 메인 소스라는 뜻이다. 물론 로맨스판타지는 워낙 다양한 소재를 차용하기에 이 포커스에서 조금 어긋나 있지만, 큰 궤는 다르지 않다.

아주 간단하게 생각해보자. 독자들은 로맨스를 왜 볼까? 우리는 왜 로맨스 드라마를 보는가?

남주 여주가 잘 되는 걸 보고 싶어서. 그들에게 관심을 갖기 시작했으면 어떻게든 잘 되는 걸 봐야 하니까. 보는 중간에 남주가 너무 멋있든, 여주가 매력 있고 정이 가든 간에 결론은 마찬가지다. 둘의 관계가 어떻게 변하는지를 보고 싶어서 보는 것. 핵심은 이것이다.

그럼 이야기를 구상할 때 어떻게 접근해야 할까? 당연히, 인물 설정값부터 제대로 잡고 시작해야 한다. 그러고 나서 둘의 관계성을 엮으며 이야기 구조를 세우는 것이다. 그럼 당연히 인물 설정은 탄탄한 기초 공사에 해당한다. 구체적으로 이야기의 뼈대 세우는 방법을 배우기 전에, 인물부터 탄탄하게 잡고 가야 하는 이유가 여기에 있다. 스토리와 인물 설정은 결코 떼어 놓고 구상할 수 있는 것이 아니기 때문에.

그럼, 인물 설정을 어떻게 짜면 좋을지 가이드를 따라가보자.

키워드로 보는 남주 타입

1) 이미 어디서 많이 봤어

일단 우리가 흔히 알고 있는 남주들로부터 시작해보자. 아마 머릿속에 누구나 역대급 남주 한두 명은 품고 살 것이다. 꽤 지나간 드라마나 소설, 혹은 미드나 영화에서 나왔을지도 모르겠다. 아, 이런 남주면 너무 좋겠다. 이런 생각이 드는 그 남주들에겐 사실 숨겨진 공통점이 있다.

흔히 웹소설 표지에서 가장 많이 등장하는 거의 기본 타입의 남주라고 하면 어떤 이미지가 떠오르는가? 직업은 뭔가 당연히 재벌 2세나 CEO. 로판이면 공작이나 황태자. 냉철하고 카리스마 있으면서 사람들을 압도하지만, 여주에게만은 유독 다르게 행동하는. 그 행동의 방향은 여러 가지가 있으나 기본적으로 '남들과 너는 달라, 너는 내게 유일해.'를 시전하거나, '도망 못 가, 넌 내 거니까.'를 시전한다는 점에서 크게 다르지는 않다. 자, 보통 이런 남주들의 경우 해당 키워드는 이런 것들이 있다.

#집착광공 #집착남 #복흑남(뱃속이 꺼멓다는 뜻) #후회남 #계략남 #섹시남 #능력남 #냉정남 #카리스마남 #철벽남 #오만남 기타 등등.

이미 키워드만으로 어떤 이미지인지 너무나 알 것 같다. 거의 직업과 배경을 이미 정해 준 듯 명확한 이미지가 떠오른다.

그 외엔 또 어떤 타입들이 있을까? 상냥한 듯 미소 짓고 능글거리는 남주도 분명 있었을 것이다. 순수하고 지켜 줘야 할 것 같은 그런 남주도, 또 진짜로 나쁜놈이었다가 개과천선하는 그런 남주도 있었을 것이다. 틱틱대면서 은근히 잘 챙겨 주는 남주도, 그런 것 따위 없이 마냥 솔직담백한 남주도.

일본에서 흥행하는 미연시(미소녀 연애 시뮬레이션)처럼 남주의 타입도 물론 여러 가지가 있다. 이런 경우 키워드 갈래가 다양해지는데, 이런 식이다.

#대형견남 #유혹남 #짝사랑남 #능글남 #존댓말남 #순정남 #연하남 #순수남 #츤데레남 기타 등등.

역시 키워드만으로도 대충 이미지를 짐작할 수 있다.

2) 남주 설정의 핵심

언뜻 다양해 보이는 이런 남주들에게, 과연 어떤 공통점이 있을까? 답은 생각보다 굉장히 심플하다. 바로, 현실에서 나한테 고백한다면 바로 OK일 남자라는 것. 즉 배경 빵빵하고 사회적으로도 인정받으며 자기 분야에서 뛰어나고 얼굴 잘생긴 건 기본에 몸도 대부분 화나 있는, 그런 남주라는 뜻이다. 10명 중 10명에게 물어서 OK 안 할 여자가 없는, 그런 남주 말이다.

생각해보자. 로설에서 못생긴, 혹은 평범한 외모의 남주가 나오는 것을 본 적이 있는가? 키가 작고 비율 안 좋은 남주는? 잘 씻지 않거나 여주의 말을 귓등으로 흘려듣는 남주는? 계약직이거나 몸으로 뛰는 일을 하는 남주는? 물론 직업에는 귀천이 없고, 외모보다 사람의 본질을 봐야 하는 게 맞지만, 사회적으로 암묵적으로 존재하는 선호도는 우리 모두가 알고 있다.

심지어 이 남주들은 신기하게 대부분 여주가 첫 상대이거나, 기존에 여자를 만났어도 성적으로는 담백했던 경우가 많다. 그럼에도 신기하게 밤 기술은 끝내주거나(!) 엄청난 절륜함을 자랑하기도 한다. 경험치는 없으면서 대체 어디서 그런 대단한 기술을 배워 구사하는지 모를 일이다. 이유는 간단하다. 결국 여자들이 바라는 모든 것을 다 갖추다 보니 그렇게 되는 것이다. 전설 속에 나오는 유니콘처럼.

거기다 맨날 다 똑같은 남주라면 지루해질 수 있으니, 그 안에 자잘한 차이점 혹은 인간적인 약점을 넣어 주는 것. 그러다 보니 독특한 증후군, 기억 상실, 트라우마 등등이 매우 만만한 소재로 쓰이곤 한다. 완벽하지만 인간적인 면은 로맨스의 훌륭한 조미료가 되기에. 그런 디테일을 따지다 보면 이런 키워드들이 추가된다.

#동정남 #상처남 #트라우마남 #후회남 #절륜남 기타 등등.

그럼 핵심은 나왔다. 여러 타입의 남주들이 있지만 기본적으로 어디 하나 빠지지 않아야 한다는 것. 능력 있고 잘생겼으며 매력적인 게 기본이라는 것. 다만 능력의 계열, 잘생김의 타입, 매력의 종류가 다른 것일 뿐이다. 뭐 더 없냐고? 없다. 정말로 이게 전부다. 나머지는 디테일의 차이!

Stella

로맨스 웹소설 현직 편집자의 코치

흔히 하는 실수 중에는 이런 것들이 있다. 현대로맨스에선 평범한 남자, 이웃사촌 등을 남주로 앉히는 경우. 로판에서는 독특한 세계관을 만들어 신기한 직책에 남주를 앉혀 놓거나, 어떤 특수한 종족의 수장이라거나 하는 설정을 쓰는 경우. 보통 이런 부분은 마이너스 요소가 될 위험이 크다. 왜냐면 '대리만족'을 해야 하는데, 그럴 만한 포인트가 너무 약하거나, 혹은 아예 별세계라 이입이 안 되기 때문이다.

생각해 보라. 남주가 어디 은하계 너머의 작은 행성에서 왔고, 거기서 자신이 족장이라고 한다. 그럼 ==그 남자가 얼마나 잘나고 멋있는 '위치'에 있는지 와닿는가?== 잘 짐작이 가지 않는다. 그럼 '대리만족'의 '대리'라는 포인트에서 이미 실패할 확률이 높다. 어떻게 이입을 해보고 싶어도 이해가 가지 않기 때문이다.

그냥 옆집 사는 평범한 남주와 어쩌다 보니 잘 돼서 결혼하는, 그런 로설을 읽고 싶어 하는 독자는 거의 없다. 이 부분은 '대리만족'의 '만족'에 좀 더 포커스가 있다. 여하간 정말 현실에서 볼 법한 연애를 보기 위해 로맨스를 보는 게 아니라는 뜻이다. 소설 속에서라도 내가 꿈꾸던 완벽함을 보고 싶어! 이것이 독자의 마음이니까.

그러므로 어릴 적 평범한 이웃사촌이었더라도, 다 커서 만난 그는 유명한 모델이 되어 있거나 자신만의 사업을 꾸렸어야 하며, 혹은 전문직이거나 직장에서 상위 직급이거나 하는 배경이라도 있어 줘야 한다. 로판의 남주가 백작 미만으로 거의 없는 이유도 마찬가지다. 처음엔 사생아라거나 안 좋은 취급을 받았더라도 나중에 가서는 사실 고귀한 혈통이라거나 특별한 능력을 지닌 존재였다거나 하는 흐름으로 가는 것처럼.

기억하자.

남주의 셋팅은 기본이 존잘! 그 외의 디테일을 자유롭게 설정하면 된다.

"

결국 여자들이 바라는 모든 것을 다 갖추다 보니 그렇게 되는 것이다.
전설 속에 나오는 유니콘처럼.
거기다 맨날 다 똑같은 남주라면 지루해질 수 있으니,
그 안에 자잘한 차이점 혹은 인간적인 약점을 넣어 주는 것.

"

키워드로 보는 여주 타입

1) 여주는 변화 중!

그럼 이번엔 여주를 보도록 하자. 여주도 사실 우리가 어디서 많이 본 그 아침 드라마 같은 여주와 크게 다르지는 않다. 그러나 차이점이 있다면, 웹소설의 여주는 현실 사회를 빠르게 반영하여 점점 여자들의 '워너비' 모습이 되어가고 있다는 점이다.

남주가 예나 지금이나 한결같이 멋있어야 하는 데 반해, 여주는 비교적 역동적인 변화 과정을 거치고 있다. 예전에는 착하고 현모양처 같은 타입이 대다수였다면, 지금은 강단 있고 능력 있는 걸크러쉬 여주들이 점점 대세를 차지하고 있다. 혹은 그 중간의 겉으로는 유해 보일지언정 안은 할 말은 하고 소신 있는, 외유내강형 여주들도 속속 등장하고 있음은 물론이다.

#직진녀 #상처녀 #순정녀 #외유내강녀 #걸크러쉬 #능력녀 #짝사랑녀

2) 여주 설정의 핵심

이 여주들의 베이스에는 뭐가 있을까? 이번에도 답은 굉장히 심플하다.

이입을 하기 좋은 여주일 것. 로맨스에서 여주는 독자들을 대신해 움직이는 아바타이기 때문이다. 그럼 어떤 인물이어야 이입하기 좋은가? 바로 <mark>내가 닮고 싶은, 혹은 친구 삼고 싶은 여주여야 한다.</mark>

멀리서 찾을 필요가 없다. 당장 주변만 보더라도, 멋지고 소신 있고 잘나가는 예쁜 언니와는 막 친해지고 싶지 않은가? 여자들이 예쁜 여자 유튜브 채널을 구독하며 팬이 되는 것도 멋지고 닮고 싶은, 친해지고 싶은 여자를 좋아하기 때문이다. 응원하고 싶고, 나와 동일시하고 싶어 하는. 바로 여기에 로맨스 여주의 속성이 있는 것이다.

그러므로 여주를 설정할 때는 내가 응원하고 싶은 여주인가. <mark>정말 최소한으로, 독자들에게 욕은 먹지 않는 여주인가.</mark> 이 포인트를 잘 고민해 볼 필요가 있다. 기존의 '아침 드라마' 같은 스타일의 여주는 착하고 수동적인 경향이 강해서 답답하다는 소리를 듣기는 하지만, 최소한 선하고 정의로운 입장에 있기 때문에 독자들이 이입하기에는 전혀 무리가 없다. 그것이 여전히 아침 드라마 스타일 여주가 종종 등장하는 이유다. 핵심은 그것이다. 이입하기 좋을 것.

Stella

로맨스 웹소설 현직 편집자의 코치

여주는 로맨스에서 기본적으로 독자들을 대신하는 존재이므로, 남들한테 욕을 먹을 만한 포지션이어서는 절대로 안 된다. 로판에서 종종 악녀 키워드가 여주로 쓰이는 것을 볼 수 있는데, 이건 진짜 정말로 악하다는 뜻이 아니다. 누가 봐도 그럴 만한 이유와 명분이 있는 경우가 대부분이다. 왜냐면, 여주가 정말로 악녀라면 독자들이 여주에게 이입할 수가 없기 때문이다. 남들에게 욕먹고 싶은 사람은 없으니까.

더불어 기본적으로 로맨스는 Classic is forever인 경향이 있기 때문에 예전에 먹히던 여주는 지금도 여전히 먹힌다. 다만, 시대가 많이 바뀐 만큼 너무 수동적이거나 답답하거나 맨날 당하는 스타일의 여주는 독자들이 좋아하지 않는다. 이유는 단순하다. 같이 스트레스를 받기 때문.

또 반대로, 아무리 시대가 바뀌었다 한들 지나치게 독특하거나, 편들어 주기 힘든 말과 행동을 하거나, 옆에 있으면 피곤할 것 같다거나, 눈치가 없는 스타일의 여주는 다른 의미로 욕을 먹기 십상이다.

혹시나 개성을 첨가하다 보니 다소 독특한 여주를 설정한 것 같다면 아주 간단하게 자문해보자. 난 이런 친구를 단짝으로 두고 싶을까? 친해지고 싶을까? 그렇게 생각해보면 쉽게 답이 나올 것이다.

"

웹소설의 여주는 현실 사회를 빠르게 반영하여
점점 여자들의 '워너비' 모습이 되어가고 있다.
외유내강형 여주들도 속속 등장하고 있음은 물론이다.

"

살아 움직이는 인물 조각하기

1) 이유 없는 설정값은 없다

'관계 타입'은 이야기 자체가 두 남여주로부터 시작한다는 이야기를 했었다. 따라서 관계 타입은 보통 이 작업부터 꽤 세밀하게 접근하는 경우가 많다. 그러나 이건 주로 인물 심리에 관심이 많고 나름대로 관찰력이 뛰어난 관계 타입의 접근 방법이고, 그 외의 타입들은 똑같은 방식으로 접근하기가 어렵다. 그럼 뭘 해야 할까? 우선 인물을 설정할 때 가장 기본적인 베이스는 다음과 같다.

> **< 인물 설정의 베이스 >**
> **나이, 직업, 배경**(가정 환경을 비롯하여), **이미지를 설정하는 것**

인물을 설정할 때 막연히 가져다 붙이는 경우도 종종 있는데, 사실 인물의 설정값에는 무엇 하나 이유 없는 값이 들어가지 않는 법이다. 반대로 말하면, 하나하나 이유가 있을수록 인물이 더 구체적이고 입체적으로 변한다는 의미이기도 하다.

나이는 보통 이야기의 배경상 적당한 때를 고르게 될 것이다. 이 부분은 유동적으로 조절하면 되니 크게 중요치는 않다. 다만 40대 이상의 남여주는 웬만하면 쓰지 않기를 권한다. 어머니들이 주로 보는 아침 드라마라 한들 항상 남여주는 젊은 나이인 것만 봐도 알 수 있다. 그러니 괜한 모험은 하지 않는 것을 권한다.

직업이라 함은 보통 이미지를 뜻한다. 변호사, 검사라는 단어를 예로 들면 뭔가 포스가 있을 것 같고 함부로 대하기 어려울 것 같은, 그런 이미지 말이다. 운동하는 사람이면 뭔가 단순 명확하고 조금 거칠 것 같은 이미지가, 꽃집을 한다고 하면 뭔가 단아하고 청순할 것 같은 이미지가 떠오른다. 직업이라는 것엔 이런 식으로 특유의 이미지라는 것이 존재한다. 물론 예상 외의 허를 찌르는 직업 설정도 재미있겠으나, 클리셰가 클리셰인 것에는 이유가 있는 법. ==처음부터 '세상에 없던 독특한 주인공을 만들겠어!' 하는 괜한 모험은 하지 않도록 하자.==

이어서 배경을 보자. 배경이라 함은 이런 식이다. 로판의 경우, '사생아로 태어나 길가에서 고생하다가 공녀로 정식 입적하게 된 여주.' '집안은 빵빵함. 황가와 매우 가까운 관계.'
사실 이런 배경만 떠올려도 여주에 대한 이미지는 어느 정도 갈래가 나온다. 이 기회를 잃지 않기 위해 독하고 표독스러워지거나, 움츠러들고 자존감도 낮은 채 주변의 눈치를 보거나, 그도 아니면 부모에 대한 원망을 감추고 빠르게 적응하려 하거나.
이것은 우리가 보통 '어릴 적에 부모님이 다 돌아가신 자수성가형 청년 CEO'라는 단어를 접했을 때 짐작할 그런 것과 다르지 않다. 짧은 문장과 배경만으로도, 대충 그 혹은 그녀에게 어떤 일이 있었을지 짐작하게 되는 식이다. 그리고 거기서부터 대략적인 이미지를 유추하게 된다.

마지막으로 이미지. 이미지라는 건 흔히 떠올리는 차갑고 카리스마 있는 남주, 당차고 똑 부러지는 여주, 같은 것을 뜻한다. 반대로 소녀 같고 해 맑은 여주, 직진만 하는 솔직담백한 남주일 수도 있다. 이미지를 설정할 땐 위에서 설명했던 키워드를 적절히 응용하는 것도 큰 도움이 된다.

2) 그래도 평면적이라면?

여기서 문제. 정작 글을 쓰려고 하면, 인물이 대사나 행동을 어떻게 할지 모르겠어요. 또는 너무 오글거려요. 이렇게 말하는 경우가 생각보다 많다. 혹은 너무 국어책 같아요. 철수야 안녕? 하는 대사와 크게 다르게 나오질 않아요. 뭐가 문제죠? 이런 경우 역시 많다.

이유가 무엇일까? 다양한 케이스가 있겠지만, 대부분의 경우 '인물에 이입이 되지 않아서' 일 때가 많다. 이입이 되지 않기 때문에 뭐라고 말하고 행동할지 전혀 짐작이 되지 않고, 오글거리게 느껴지고, 국어책 읽기처럼 써지는 것이다. 그러다 보면 과장된 대사나 행동이 나오게 되고, 자연스레 거품이 끼면서 더 현실감이 없어진다.

그럼 인물에 이입하려면 어떻게 하면 될까? 우선 간단하게 응용할 수 있는 팁부터 적용해보자. 어렵지 않다.

> **< 입체적인 인물 설정 >**
>
> 1. 사소한 버릇이나 습관을 부여해주는 것
> 2. 과거를 설정해주는 것

사소한 버릇이나 습관을 부여하기

당장 우리가 사는 현실을 둘러봐도, 그 사람이 하는 말 하나, 행동거지 하나로 실질적인 성격이 보이는 경우가 많다. 예를 들면 '언니, 요새 얼굴이 안 좋은데요? 이거 주름에 좋은 건데 써 보실래요? 언니도 관리해야죠.'라는 대사에서 빙썅(빙그레 쌍X)의 향기를 감지하듯. 혹은 아들의 수상을 자랑하는 옆집 부부에게 '우리 아들은 학생 회장도 했었는데~' 하는 아주머니에게서 다소 유치한 아들 바보의 냄새를 맡듯이. 아니면 '이 시계요? 에이, 싸요. 한 3900만 원 정도?'라고 하는 남자에게서 어린아이 같은 허세를 기막히게 알아채듯이 말이다. 그래서 흔히 말 한마디로 그 사람의 됨됨이를 짐작할 수 있다는 이야기가 나오는 것이다.

그럼 이것을 어떻게 소설 인물에게 적용하는지 보자.

> **예시 : 과묵하고 표현이 별로 없는 남주**
>
> 이런 남주는 사실 소설로 쓰기에는 꽤 까다로운 유형에 속한다. 왜냐하면 행동과 대사를 적극적으로 하지 않는 만큼 상황으로 유추하게 만들어주거나 작가가 서술을 열심히 해야 하기 때문이다.
>
> 그럼 이 인물에게 초조하거나 당황하면 나오는 버릇을 하나 만들어주자. 표정에는 변화가 없지만 책상을 손가락으로 툭툭 두드린다고 해보자. 그럼 여주가 남주에게 들이대거나 엮이게 될 때마다, 그 버릇으로 남주의 심리를 표현할 수가 있다.
>
> 여주가 갑자기 들이닥쳤을 때, 혹은 맹랑한 제안을 했을 때. 겉으로는 한 점 흔들림 없는 척 굴다가도 그가 탁탁, 의자 팔걸이를 두드리는 것이다. 그에게 눈치 빠른 비서가 있다면 그가 당황했음을 귀신같이 알아챌 것이다.
>
> 혹은 좀 더 구체적으로 평소의 습관 같은 것을 따로 만들어주는 방법도 좋다. 책상 위에 쓸데없는 물건이 없고 늘 깔끔하다거나, 중요한 일을 결정할 때는

늘 산책을 한다거나, 담배를 피우는데 특유의 향수와 섞여서 늘 그만의 향을 가지고 있다거나, 늘 여주가 거는 전화는 신호가 두 번 울리기 전에 받는다거나 하는 것들이다.

그럼 이런 요소들은 인물의 이미지를 구체적으로 만드는 데도 탁월한 도움이 되지만, 결정적인 순간에 그 모습이 흐트러지거나 예외가 생기는 것을 보여 줌으로써 독자들을 더 이야기에 몰입할 수 있게 만들어준다.

과거 만들어주기

이 경우는 배경 설정과 어느 정도 맥이 비슷한데, 바로 그 인물이 지금 성격이 되는 데 영향을 끼쳤을 중요한 사건을 설정해주는 것이다.

예시

사랑하는 남자가 있었는데 배신을 당한 여주라면 볼 것도 없이 남자를 믿지 못하는 상태일 것이다. 그럼 이미 여기에서 여주에게 철벽 이미지가 만들어진다. 상처받아서 다가오는 남주를 밀어내는 여주의 모습이 손쉽게 그려지는 것이다.

여기에 위의 '습관이나 버릇' 예시까지 가져와 보자. 남주는 그녀에게 처음 만난 그 순간부터 꾸준히 한결같이 다가오는데, 여주가 전화하면 늘 바로 받고는 한다. 그럼 여주는 '이 남자는 왜 이렇게 여유롭지? 별로 안 바쁜가?' 하는 식의 생각을 할 수도 있을 것이다.

그런데 어느 날 우연히, 그가 웬만한 전화는 무시하며 메신저 같은 것은 쓰지도 않는다는 것을 알게 된다. 여주는 속으로 놀란다. 그러면서 자신에게 하는 행동이 특별했음을 깨닫게 된다. 그럼 그것을 기점으로 둘의 관계가 조금 진전될 수 있을 것이다.

이런 것들이 인물 설정의 요소요소가 엮여 만들어지는 연출인 것이다.

> **예시**
>
> 이번에는 어머니의 과도한 기대를 한 몸에 받고 자라난 공작가의 후계자 남주라고 해보자. 그의 어머니는 정략 결혼을 한 이후 남편과 크게 싸웠고, 그때부터 아들에게 자신에겐 너밖에 없고 네가 이 가문을 일으켜 세워야 한다는 소리를 해왔다는 설정을 주는 것이다. 그럼 이런 경우 남주는 그 기대치를 짐으로 지고 있을 확률이 높다. 뭔가에 억눌린 듯 늘 피곤해하며 어머니를 쉽게 내치지 못하는 모습을 보일 수도 있다.

이런 식으로 과거를 설정해주는 것은 보통 인물에게 이미지와 간략한 서사를 부여함으로써 인물을 굉장히 입체적으로 만드는 힘을 가진다. 그러니 인물에 대해 구체적으로 생각하는 게 번거롭더라도 중요한 사건 한두 개 정도는 꼭 생각해보기로 하자. 습관이나 버릇을 정할 땐, 가급적이면 로맨스적으로 엮이기 좋은 습관이라면 더더욱 좋다는 것도 기억해 둘 것.

여기까지 했는데 아직 인물이 구체적으로 잡히지 않는다 해도, 아직 걱정하기엔 이르다. 인물 심리에 가장 디테일하게 접근하는 관계 타입이라 하더라도 처음부터 인물들이 어떻게 움직일지 알고 시작하는 것이 아니다. 글이란 건 결국 써가면서 완성되어 가는 것이기 때문이다. 인물들도 마찬가지로, 쓰면서 점점 생생하게 살아나는 것이지 처음부터 완성되어 있는 것이 아니다.
핵심은 인물을 설정할 때 잘 변하지 않는 베이스를 꼭 쥐고 가는 것이다. 기본적인 설정을 제대로 했다면 우선 이미지만 잘 가지고 넘어가도록 하자.

Stella

로맨스 웹소설 현직 편집자의 코치

요즘 유행하는 MBTI 같은 경우 인물을 설정할 때 요긴한 지표가 될 수 있다. 각 알파벳마다 내향성/외향성, 혹은 이성적/감성적 같은 식으로 서로 상반되는 성향을 뜻하기 때문에 인물이 영 구체적으로 잡히지 않는다 싶으면 이 알파벳에 맞춰 성격을 부여해보자. 인터넷에 검색해보면 각 유형별 타입 샘플이 애니나 만화의 캐릭터부터 연예인에 이르기까지 폭넓게 분석되어 있기 때문에, 혹시 좋아하는 캐릭터나 연예인이 있으면 더더욱 이미지화가 쉬울 것이다.

그리고 기억하자. 인물을 처음부터 과하게 다 알리려 할 필요 없다는 것! 그 이상의 디테일은 글을 써 나가면서 잡으면 된다.

“

글이란 건 결국 써가면서 완성되어 가는 것이기 때문이다.
인물들도 마찬가지로,
쓰면서 점점 생생하게 살아나는 것이지 처음부터 완성되어 있는 것이 아니다.

”

조연은 3그룹으로

1) 조연도 비중에 따라 다르다

이번엔 조연을 보자. 사실 조연이라고는 해도 비중에 따라서 주조연급으로 분류되는 조연들이 존재한다. 대표적으로 반드시 한두 명은 나오는 여주의 절친이라거나 남주의 비서, 서브남, 최종 악역 보스 같은 인물들이 그렇다. 보통은 아군이냐 적군이냐에 따라 계열이 갈리니 이것은 큰 베이스로 두고, 조연을 설정할 때의 기준을 잡아 보자. 조연 인물들을 설정할 때는 크게 3가지 분류에 나눠서 잡으면 좋다.

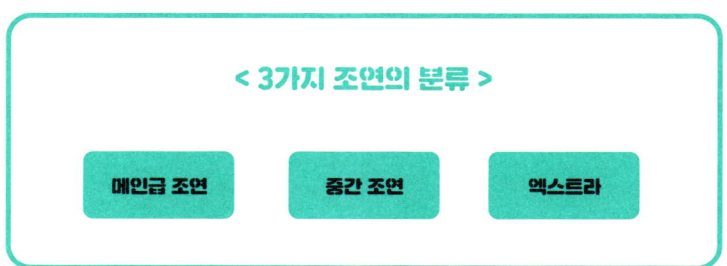

메인급 조연, 특히 서브남 같은 인물은 거의 주연급 서사를 필요로 하는 경우가 대다수다. 남주 여주를 설정할 때처럼 구체적인 설정값은 물론 어떤 식으로 말하고 행동할지에 대한 이미지도 가급적 구체적으로 생각

해야만 한다. 여주와 어떤 식으로 엮일지도 물론이다.

혹은 여타 유독 애정이 가는 인물이 있거나, 스토리상 굉장히 중요한 포지션이라거나, 악역이어도 톡톡 튀고 매력 있는 악역을 만들고 싶다면 역시 그만큼 구체적으로 잡을 필요가 있다.

2) 조연이 조연인 이유

중간급 조연을 설정할 때는 이야기가 좀 다르다. 이들은 이미지 정도만 잡아 주면 충분하다. 이유가 무엇일까? 작가가 소설의 신이라는 이야기는 우리가 심심찮게 들어 보았다. 이것이 무슨 뜻이냐면, 작가의 의도대로 등장인물들이 움직이고 사건이 흘러간다는 뜻이다. 이때 이야기의 무게 중심은 바로 남주, 여주에게 있다. 이전에 로맨스 자체가 남여주 두 사람을 메인으로 쌓아 올리는 것이라고 했던 것과 같은 맥락이다.

<u>남주와 여주는 움직일 방향이 어느 정도 정해져 있다는 뜻이다.</u> 예를 들어 남주가 여주를 배신한 것처럼 보이는 상황에서 여주는 상처를 받을 것이고, 반대로 그가 그녀를 지키기 위해 그랬다는 것을 알게 되면 감동할 것이다. 이런 식으로 이야기를 짜다 보면 남주 여주의 서사가 어느 정도 정해지게 되는데, 아무리 작가라도 이야기의 처음부터 끝까지 모든 대사와 서술을 완벽하게 머릿속으로 읊을 수는 없다. 즉, 구체적인 부분은 써 가면서 잡아야 한다는 뜻이다. 그런데 여기에 만약 조연들까지 너무 구체적인 설정이 되어 있으면 어떤 일이 일어날까?

> **예시 : 로맨스판타지**
>
> 여주가 하녀1을 스파이로 이용하려 한다. 악역의 정보를 캐내기 위해서다. 이게 전체 흐름상에 꼭 필요한 사건이고, 그 일을 시킬 만한 조연이 하녀1뿐이다. 그런데 하녀에게까지 구체적인 서사가 있으면 어떻게 될까? 예를 들어 그

> 녀의 아버지는 다리를 다쳤고 어머니는 정신이 온전치 못하다면? 하녀는 그런 위험한 일은 할 수 없다고 거절하게 될 것이다.

이런 식으로 순탄하게 풀리지 않는 사건이나 장면에 맞닥뜨렸을 때, 남주나 여주를 원래 궤도에서 벗어나게 할 수는 없다. 그럼 이야기가 산으로 가게 되니까. 아니면 흔히 보게 되는 '남주 갑자기 왜 저래요? 캐붕(캐릭터 붕괴)인가요?'라는 댓글을 받을 수도 있다. 그럴 때 남주와 여주는 원래 흐름대로 가게 두고, 조연들을 움직여야 하는 것이다.

한데 조연 한 명 한 명 너무 구체적인 설정값을 가지고 있게 되면 중요할 때 손쉽게 이리저리 활용하기가 어려워진다. 이건 장기로 치면 왕을 지키기 위해 졸을 움직이는 것과 비슷한 맥락이다. 졸은 옆으로도, 앞으로도 자유롭게 움직일 수 있지만 그것은 왕을 지키기 위해서다.

조연이 조연인 것에는 이유가 있는 것이다. 그들에게 포커스를 과하게 맞춰서는 이야기 전체가 너무 복잡해진다. 그러므로 몇몇 중요한 인물들 외에는 가급적 평면적이고 일관된 성격을 주도록 하자.

3) 조연 활용은 이렇게

반대로 평면적인 이미지를 잡아 뒀다가, 나중에 스토리에 필요할 때 적절한 추가 설정을 만들 수도 있다. 이번엔 다른 예시를 보자.

> **예시 : 추가 설정**
> 로판에서 이번엔 여주가 하녀라고 해보겠다. 여주 친구 역시 하녀다. 여주가 주인 아가씨와 많이 닮아서, 주인 아가씨가 가기 싫어하는 정략혼 집안에 아가씨 대신 가게 되었다고 해보자. 이럴 경우 친구의 역할은 종종 여주에게 '여주야, 아가씨가 화가 나셨어! 너 무슨 짓이라도 했니? 하고 전달하거나, 고초

를 당한 여주에게 '아파서 어떡해. 내가 네 일 대신 해 줄게.'라고 하는 등의 조력자 포지션일 것이다. 이 경우 친구의 성격은 그냥 여주를 잘 챙겨 주는 좋은 사람. 이 정도 이미지로 충분하다. 아주아주 충분하다.

그렇게만 잡아 두도록 하자. 그러다가 나중에 여주를 위해서 사건을 짜야 할 때, 주위에 쓸 만한 인물을 데려와야 할 때. 상황에 따라 필요한 설정을 부여해주면 된다.

예시 : 갈등 상황

이를테면 '여주에게 갈등 상황을 줘야 하는데, 어떤 사건을 만들면 되지?' 같은 고민을 할 때. '여주가 진짜인 줄 안 남주가 귀한 목걸이를 선물했는데, 그걸 알게 된 아가씨가 목걸이를 내놓으라고 하는 상황'을 만든다고 해보자. 여주를 곤란에 처하게 하려면, 친구가 사실 병약한 동생이 있었고, 어쩔 수 없이 돈이 필요한 상황이라고 해주는 것이다. 그래서 죄책감에 시달리면서도 여주의 목걸이를 훔쳤을 수도 있다.

이런 설정들은 갑자기 튀어나와도 전혀 이상하지 않다. 왜냐면 독자들은 애초에 그녀에게 관심이 없기 때문이다. 그러므로 중간급 조연의 핵심은, 평면적인 이미지를 설정해 두었다가 필요할 때 스토리에 맞춰 움직이게 하는 것이라고 보면 되겠다. 특히 관계 타입인 경우 인물 하나하나에 과하게 공을 들이는 경우가 있는데, 자칫 이야기를 끌고 가기 굉장히 힘들어질 수 있으니 주의하도록 하자.

또한 보통 하나의 그룹에는 주로 두세 명 정도의 조연이면 충분하다. 회사 생활을 보여주는 데 조연이 막 열 명씩 나올 필요는 없다는 뜻이다. 그렇게 많은 인물이 등장하면 종래에는 누가 무슨 말을 하는지 구분도 잘 안 되게 되니까.

학교 생활을 그리더라도 마찬가지로 눈에 띄는 A, 맨날 그 옆에 붙어 다니는 B, 하인 노릇을 하는 C, 이 정도로 충분하다는 뜻이다.

또한 가급적이면 조연들마다 단순한 이미지를 하나씩 주는 것이 좋다. 그래야 독자가 기억하기 쉬워지기 때문이다. 바로 전의 예시를 다시 들자면 앞에 나서야 직성이 풀리는 A, 권력자에게 아부하는 B, 비굴하고 눈치 보는 C. 이 정도 분위기를 잡아 주면 충분하다는 뜻이다.

마지막으로 엑스트라급의 조연들은 더더욱 설정이 필요치 않다. 정말 그냥 스치듯이 나오는 조연들이니까. 이런 조연들은 사실 일일이 이름을 부여해 줄 필요도 없는 경우가 많다. 여주나 남주의 회사 생활이 나올 경우엔 김 대리, 박 과장 정도로 충분하다는 뜻이다.

그럼 지금까지의 내용을 토대로 규칙을 정리해보자.

< 조연 활용의 법칙 >

1. 비중 있는 조연은 구체적인 이미지 정도 잡아 뒀다가 필요할 때 활용할 것
2. 조연은 그룹으로 잡되 한 그룹에 2~3명이 적당하다는 것
3. 포지션에 따라 활용하기 좋은 이미지를 잡아주면 좋다는 것
4. 엑스트라급의 인물들은 일일이 이름이나 설정을 부여할 필요가 없다는 것

"

이건 장기로 치면 왕을 지키기 위해 졸을 움직이는 것과 비슷한 맥락이다.
졸은 옆으로도, 앞으로도 자유롭게 움직일 수 있지만
그것은 왕을 지키기 위해서다.
조연이 조연인 것에는 이유가 있는 것이다.

"

5장

밤새워 읽게 되는 들꽃의 비밀

플롯 : 뼈대 세우기

1) 뼈대를 꼭 세워야 하는 이유

먼저 들어가기 앞서 말하자면 흔히 플롯, 혹은 시놉시스라고 부르는 그것을 저자는 '뼈대'라고 칭한다. 사실 어떤 단어를 쓰느냐가 중요하진 않을 것이다. 뼈대 세우기라고 말하는 이유는 흔히 사용되는 플롯이라는 것과는 조금 결이 다르기 때문인데, 말 그대로 플롯 - 줄거리보단 메인 스토리를 중심으로 한 무게 중심 세우기에 가깝다. 막연히 플롯부터 쓰고 시작하면 되지! 하고 접근했다가 글이 진척이 안 되거나, 흐지부지 되는 경우가 굉장히 많을 것이다. 그 이유에 대한 총체적인 접근 방식을 고민하다가 나온 해결책이므로, 주의 깊게 봐주었으면 한다.

인물 설정에서 결국 로맨스의 핵심은 두 주인공의 관계에서부터 시작한다는 기조의 이야기를 했다. 뼈대 세우기 역시 맥락이 같다. 독자들이 로맨스를 보는 이유 자체가 둘의 관계가 변하는 것을 보기 위해 보는 것이므로, 가장 중요한 이 포인트에서부터 이야기의 뼈대를 잡아야 한다. 이야기가 특정 소재나 컨셉에서 시작을 했든, 한 사건이나 장면에서부터 시작을 했든, 반대로 두 사람의 관계성에서부터 시작을 했든 이 과정은 필수로 거쳐야 하는 작업이다.

특히 영화/컨셉 타입의 경우 이 부분에서 헤매는 경우가 종종 있는데, 영화 타입은 특히 '장면이 잘 이어지지 않는다', '사건을 어떻게 전개해 나가야 할지 모르겠다'는 이야기를 많이 한다. 대부분 이 작업이 이루어져 있지 않아서인 경우가 많다. 요는 이야기를 관통하는 가장 중요한 맥을 제대로 잡지 않은 상태이기 때문에, 어떤 기준으로 어떻게 사건을 배치해야 할지를 알 수 없어서다.

컨셉 타입의 경우 그나마 컨셉을 활용하는 것으로 이야기를 어떻게든 끌고 나가지만, 중간중간 '더 이상 이야기를 이 컨셉으로 밀고 나갈 수가 없어!' 하는 상황이 생기거나, '계속 끼워 맞추다 보니 이야기가 산으로 가!' 하는 경우가 생긴다. 혹은 인물이 어색하게 움직이게 되는 경우도 종종 있다. 이 역시 마찬가지의 맥락이다. 가장 중심이 되는 '전개에 따라 남주 여주가 어떻게 움직이게 될 것인가'를 제대로 설계하지 않은 채 컨셉으로만 밀고 나가다 보니 아귀가 맞아떨어지지 않는 부분이 생기는 것이다.

순발력, 아이디어 돌려막기에는 한계가 있다. 딱 봐도 상황을 해결하기 위한 소재를 억지로 끌어왔다거나, 빈 부분을 막기 위해 순발력으로 어떻게든 때운 장면은 독자들도 귀신같이 알아챈다. 그리고 보통 잠깐 반짝하고 마는 것이 아닌 ==롱런하는 작품은 탄탄한 설계가 되어 있기 마련이다. 좋은 작품의 공통분모라고 봐도 무방할 정도다.==

2) 뼈대 세우기 실전

그럼 어떻게 하면 좋을까? 저자는 이것을 '둘의 관계성 변화 단계'로 설명한다. 보통 로맨스, 하면 우리 머리에 흔히 떠오르듯 흐름이 있다.

1. 남주나 여주가 서로에게 관심을 가지게 되는 계기
2. 나아가 점점 마음이 쌓이면서 좋아하게 되는 과정

3. 그리고 자신의 마음을 깨닫게 되는 결정적 사건
4. 그 즈음 일어나게 되는 극적인 갈등과 위기
5. 그리고 그것을 무사히 뛰어넘으면서 완성되는 둘의 사랑

바로 이 단계들을 이야기하는 것이다. 어느 로맨스, 로판, BL이나 백합을 봐도 여성향의 궤는 크게 다르지 않다. 물론 로맨스 요소가 매우 적고, 여주의 성장 자체에 메인 포커스가 있다거나, 또는 복수가 메인이라거나 하는 경우는 궤가 살짝 다를 수 있으나 기본적으로는 그렇다.

이 단계를 잘 짜기 위해서는 남주와 여주(혹은 공, 수) 사이의 설정 자체를 서로 엮이기 쉽게끔 만들어주는 것이 중요하다. 정신과 의사 여주와 트라우마가 있는 남주의 조합처럼 누가 봐도 저 둘은 천생연분이네! 싶게끔 판을 짜 주는 것이다.

보통 출간을 하기 위한 최소 분량을 따지자면 연재 시장 기준으로는 플랫폼별 차이가 있으나 대략 80~100화 정도, 단권 시장 기준으로는 한 권 12만 자(공백 포함) 이상을 보면 되는데, 단권 시장에서는 꼭 한 권 분량을 다 채우지 못하더라도 출간하는 경우가 종종 있다. 중편 소설이라고도 말하는 8~10만 자 내외의 작품들이 그것이다.

보통 짧은 분량의 작품일수록 로맨스 라인 역시 명쾌한 단계를 보이게 되는데, 수백 편씩 되는 전연령 로맨스판타지의 경우 갈등과 화해, 밀고 당기기의 과정 등을 여러 번 반복하면서 이야기를 길게 끌고 가는 경우가 있고, 다른 소재(복수극, 성장물, 사업 등)를 많이 끼워 넣어 이야기를 길게 끌고 가기도 한다.

여기서 주의할 것은 이게 첫 작품이라면 가급적 너무 욕심 부리지 않는 것을 권한다는 것이다. 내가 아직 어떤 걸 잘 쓸 수 있는지, 얼마큼의 길이로 끌고 나갈 수 있는지 주어진 정보가 지나치게 없는 상황이다. 무턱

대고 세계관을 대서사시급으로 잡거나, 초장편을 계획한다거나, 무슨 일이 있어도 연재 시장에 들어가겠다고 분량을 억지로 뽑거나 하는 등의 행동은 보통 길을 돌아가게 만든다.

그러니 가급적 단순하고 명쾌한 이야기 구조를 짜기로 하자. 이야기를 제대로 한 번 써보면 감이 올 것이다. 내가 이것보다 길게 끌고 갈 능력이 있는지, 아니면 내 인내심이 정말 짧고 흥미도 빠르게 변해서 단권 시장을 노리는 게 더 나을지 등 말이다.

Stella
로맨스 웹소설 현직 편집자의 코치

흔히 플롯 혹은 시놉이라고 해서 인터넷에 떠도는 문서 양식을 다운받아 사용하거나, 매 화마다 내용을 다 설계(트리트먼트)하는 경우가 있는데, 장르소설은 순문학이나 시나리오와는 맥이 다르다. 정해진 플롯 양식이라고 할 만한 것이 따로 없을 뿐더러, 매 화마다 반드시 내용을 짜야 하는 것도 아니다. 특히 관계 타입의 경우는 유기적으로 인물과 사건이 엮여 있다 보니 예상보다 분량이 길어지는 경우가 흔한데 억지로 화별로 끊는 것은 오히려 역효과가 나기도 한다. 반대로 글자 수를 채워야 한다는 압박감에 괜한 내용 늘이기를 하는 경우 역시 좋지 못한 케이스다.

게다가 플랫폼에 들어갈 때 플랫폼마다 요구하는 1화 분량이 조금씩 다르기 때문에 스스로 몇 화 몇 화 나눠 놓았다고 해서 그대로 입점하게 되지는 않는다. 그런 경우 출판사에서 다시 글을 나누기도 한다. 그러니 목표 플랫폼이 아주 명확하고 무조건 그 양식에 맞춰 글을 쓰겠다! 하는 경우가 아니라면, 특히 화별 내용을 짰을 때 그리 잘 맞아떨어지지 않는다면, 본인과 맞지 않는 것이니 억지로 그렇게 쓸 필요는 없다.

플롯 역시 작가마다 쓰는 스타일이 천차만별이다. 여러 사건을 떠올려 놓고 조각 맞추듯 하는 작가가 있는가 하면, 미리 대사 위주로 중요한 내용들을 뽑아 놓고 쓰는 경우도, 큰 사건만 정해 놓고 자유롭게 풀어 내는 경우도, 아니면 정말 치밀하게 계산해서 쓰는 경우도 있다. 정말로 다 다르다.

하고 싶은 이야기는 <mark>규격에 얽매이지 말라</mark>는 것이다. 무조건 매 화마다 절단 신공으로 끊어야 하고, 분량을 맞추기 위해 내용을 괜히 늘이거나 줄이거나 하는 게 아니다. 오히려 그렇게 되면 원래 쓰려던 글과는 점점 멀어질 뿐이다. 플롯은 말 그대로 이야기의 뼈대이고, 뼈대라는 건 중요한 중심이 되는 흐름, 줄거리를 이야기하는 것이다. 그냥 내 작품이 어떤 내용인지 다른 사람한테 말로 설명한다고 생각해보면 그게 곧 플롯이다. 이것을 세부적으로 짜는 것은 당연히 좋은 일이지만, 무조건 1화 분량에 내용을 다 욱여넣어야 한다고 생각할 필요가 전혀 없다. 내용 전개를 디테일하게 짜더라도 주객이 전도되는 상황은 조심하도록 하자.

3-1) 실전 : 로맨스판타지

그럼 실전 플롯 짜기를 해보자. 남주와 여주를 설정하는 것부터가 굉장히 중요한 기초 공사인 만큼 남주와 여주의 케미를 기반으로 로맨스의 뼈대를 세워야 하니, 남주 여주 설정부터 잡아 보도록 하자.

> **예시**
> 남주 : 괴물 공작이라고 소문 난 전쟁 영웅. 마족의 피를 이었기에 강하지만 사람들이 두려워하기에 컴플렉스이기도 하다. 어릴 적부터 그는 괴물이었을 뿐 사람으로 대해진 적이 없다. 주기적으로 진정제를 먹어야 제정신을 유지할 수 있는데, 이 사실은 알려져 있지 않다.
> 여주 : 현실 세계에서 이세계 귀족 영애로 빙의되었다. 다른 세계에서 왔기에 남주의 마족성에 영향받지 않는다. 또한 현실의 평등주의에 익숙해서 계급 사회를 잘 이해하지 못한다.

이렇게 설정해보겠다. 그럼 여기서 이미 케미 포인트, 그러니까 두고두고 둘이 엮일 만한 요소가 나온다.

> **케미 포인트**
> 남주가 마족의 피를 이은 것=여주만 유일하게 두려워하지 않음.
> 남주의 컴플렉스인 힘에 아부하는 자들은 많으나 그 자신을 봐주는 사람은 없었음=여주는 평등을 지향하는 성향. 때문에 괴물이란 소문에도 별로 신경 쓰지 않음.
> 여기에 심지어 여주가 남주를 진정시키는 독특한 체질이라는 것까지 부가해 주면 금상첨화다. 이미 설정에서부터 이 둘은 떨어지려야 떨어질 수 없는 사이가 되는 것이다. 나머지는 설득력 있게 관계가 진척되도록 판만 짜 주면 끝이다.

로맨스가 진척되는 것에 맞춰 단계를 짜야 한다고 했었다.
편의상 네 단계로 나눠서 접근해보자.

> **< 로맨스 진척 4단계 >**
>
> **1단계 : 관심을 가짐 → 2단계 : 마음이 감 → 3단계 : 결정적인 갈등
> → 4단계 : 마음을 깨달음, 장애물을 해결하고 해피엔딩**

1단계. 관심을 가지게 되는 계기를 만들어 보자

남주는 전쟁에서 이기고 돌아와 축하연에 참석한다. 연회에 참가하게 되는 여주. 정말 간이 큰 남자들 몇을 제외하고는 그에게 쉽게 다가서지 못하고, 여자들은 특히나 멀찍이 떨어져 선망과 두려움의 눈빛을 보낸다. 여주는 생전 처음 보는 디저트와 맛있는 와인 등에 정신이 팔려 열심히 집어 먹다 보니 남주의 근처까지 가게 되었다. 모두가 그녀를 의아하게 쳐다보지만 1도 신경 쓰지 않는 여주. 심지어는 남주한테 '공작님, 공작님 뒤의 케이크를 집고 싶은데 조금만 비켜 주실 수 있을까요?'라는 폭탄 발언을 시전.

공작은 황당. '뭐 이런 여자가 다 있지?'라고 생각. 그러나 이런 여자를 처음 봐서 신기하기도 하다. 그러거나 말거나 마이페이스인 여주.

→ 여주가 자신을 무서워하지 않는 것 같단 것만으로 이미 남주의 관심을 끌게 되었다. 그럼 당연히 다음 단계는 관심을 넘어선 호감으로의 발전. 기존 케미 포인트에 맞춰서 따라가보자.

2단계. 호감을 가지게 되는 단계를 형성해 주자

여주에 대해 조금 알아보니, ○○가문의 백작 영애인데, 최근 성격이 많이 바뀌었다는 이야기와 함께 평민들과도 친하게 지낸다는 소문을 입수. 귀족들 중에는 수준 낮다고 헐뜯는 자들도 있음. 더더욱 의아한 남주.

다른 연회에서 다시 마주치게 되는 둘. 여주는 여전히 디저트 삼매경. 역시 신기하다고 생각하면서 그녀를 눈여겨보던 남주는 갑자기 마족의 피가 들끓는 것을 감지. 생각해 보니 최근 진정제 먹는 것을 깜박했다. 약점을 잡히기 전에 재빨리 회장을 벗어나지만, 에너지가 너무 빨리 올라와 풀숲에서 거의 쓰러지기 직전. 마침 배가 불러 산책을 나왔던 여주가 남주를 발견함. 살기가 풀풀 풍기는데 눈 하나 깜짝 안 하는 여주. '왜 그래요? 괜찮으세요?' 하고 남주를 부축. 놀랍게도 기세가 진정되는 남주. 그는 영문 몰라 하는 여주를 황망하게 쳐다본다.

이후 여주에게 제안을 하는 남주. 이것이 우연인지 뭔지 확인해보기 위해 여주와 주기적으로 만나 보기로 한 것. 마땅히 댈 핑계가 없으므로, 맛있는 디저트를 대접하겠다고 회유한다.

남주 가문의 요리사가 제국 1인자라 여주는 매우 신이 남. 주기적으로 만나는 동안, 여주는 점점 더 사람들이 남주를 무서워하는 이유를 알 수 없게 된다. 이렇게 좋은 사람인데? 라고 생각. 그러면서 둘 사이엔 알게 모르게 호감이 쌓인다.

→ 1단계와 마찬가지로 남주의 약점과 여주의 매력 포인트를 활용하여 둘이 엮이게 해주는 과정이다. 남주는 약점이 있어 함부로 행동할 수 없지만 사실 내심 여주한테 호감이 있고(날 이렇게 대한 여자는 네가 처음이야!) 여주는 남주가 뭔가 감추고 있는 것 같다고 느끼긴 하지만 그냥 자기 눈에 보이는 모습을 믿는다. 이런 성격적 케미 포인트 외에 디저트를 좋아하는 여주 설정을 더해, 둘이 계속 만날 수밖에 없는 핑곗거리도 만들어주었다. 이런 요소는 인물 설정할 때부터 잡아줘도 좋지만, 초중반에 부가

적으로 추가해줘도 좋다. 대신 너무 뜬금없이 중요한 요소를 중간에 끼워 넣지는 말 것. '그렇게 좋은 게 있는데 왜 지금까지 안 나왔지?' 소리를 들을 수 있다.

3단계. 극적인 갈등 상황을 만들자

이쯤 되면 적이 한 번 설쳐 줘야 한다. 2단계에서부터 사실 몇 번 두각을 드러냈을 것이다. 흔하게 쓰는 구도인 1황자와 2황자를 데려오도록 하자. 남주는 1황자파로, 권력욕과 열등감으로 똘똘 뭉친 2황자의 견제를 받고 있다. 한데 악역 백작 하나가 남주의 비밀을 파헤치다가 진정제의 존재를 알게 되었다. 그는 담당 의사를 매수하여 진정제를 빼돌린다.

한편, 많이 가까워진 두 사람. 남주는 여주에게 진실로 다가가고 싶으나 지독한 인간 불신 때문에 고민을 하고 있다. 함부로 스킨십을 시도할 수 없었기에 여주가 정말 진정제 역할을 하는지도 확실하지 않은 상태.

악역은 2황자를 들쑤셔 공작이 나설 수밖에 없는 무대를 준비한다. 그 무대 위에서 공작의 비밀을 만천하에 드러나게 하려는 계획. 남주는 위험하다는 걸 느끼면서도 여주에게 진실을 말할 수 없어 폭주 직전까지 간다. 안팎으로 위기인 상황.

→ 자신의 약점을 드러내길 두려워하는 남주와 그걸 부추기는 악역으로 인해 갈등 상황 최고조. 약점 역시 처음 인물 설정부터 변하지 않는 갈등 포인트이다. 무조건 정해져 있던 무게추라는 것은 이런 뜻. 그는 아직 약점을 밝히지 못했고, 그럴 각오도 서지 않았다.

4단계. 서로의 마음을 확인하는 단계

사람들 앞에 나서야 하는 때가 오자, 결국 집사가 급하게 여주를 불러오는 모험을 강행한다. 그리고 나서기 직전, 정신없이 달려온 여주가 그에게 닿자, 기적처럼 기운이 가라앉고 둘은 서로 황망해진다.

남주는 여주에게 아무렇지 않냐고 물어본다. 여주는 아무렇지 않다고 대답. '사람들이 당신을 무서워하던데, 대체 왜 그런 거죠? 당신은 사람들이 무서워할 만한 짓을 하지 않았잖아요?'라고 말한다. 남주는 충격. 자신에게 이런 말을 해주는 사람이 없었다.

무사히 사건이 지나가고, 결국 둘은 진지한 대화를 나누게 된다. 자신의 마음을 솔직하게 터놓는 남주, 그리고 '당신에게 진정제가 필요한 거면, 기꺼이 해 줄게요. 못 할 게 뭐가 있겠어요?'라고 하는 여주. 남주는 '당신이 위험해질 수도 있습니다.'라고 말하지만, 여주는 '에이, 공작님이 지켜 주시겠죠 뭐.'라고 여상하게 넘긴다. 남주 폴인럽. 이 여자한테 당할 수가 없다.

→ 이후에도 위기는 있을 것이다. 그러나 결국 정적을 처리하고 해피엔딩.

이 예시는 감정선의 파고로만 치자면 이후에도 쌓아 갈 여지가 있다. 정적을 처리하는 과정에서 극적 갈등을 한 번 더 만들어 줄 수도 있을 것이다. 보통 클라이맥스는 감정이 최고조에 올랐을 때 함께 터지는 경향이 있지만 어느 정도 쪼개는 것도 가능하다. 예시는 단순화된 것이니 참고로 보도록 하자.

3-2) 실전 : 현대로맨스

이번엔 현대로맨스를 예로 생각해보자. 개XX 소리를 듣는, 성격적으로 뭔가 결핍된 남주가 어릴 적 옆집에 살았던 여주를 그리워해 찾아다니다가 결국 자신에게 오게 만들고야 마는, 그런 질척한 현대로맨스를 짜 보겠다.

> **예시**
>
> 남주 : 재벌 3세, 어릴 적부터 뭔가가 결핍되어 삐뚤어진 성정을 가지고 있음. 어릴 때 자신에게 잘 대해 준 여주를 기억하고 있다가 발견한 이후 그녀를 옭아맴. 여주 회사의 거래처 대표.
> 여주 : 평범한 가정에서 사랑받고 자란 해맑고 순수한 여자. 동정심이 많고 착하다. 오랜만에 만난 남주가 대체 자신에게 왜 저러는지 이해할 수가 없음.
>
> **케미 포인트**
>
> 삐뚤어진 남주를 유일하게 잘 대해 줬던, 기억에 남은 여자는 여주뿐. 선하고 동정심 많은 여주는 남주를 내치지 못함. 더불어 여주 회사의 거래처 대표이기 때문에 좋으나 싫으나 계속 엮일 수밖에 없고, 을이 될 수밖에 없는 상황.

이런 플롯의 경우 짧고 굵직하게 19금 현로로 뽑아내기 굉장히 쉬운 소재이다. 소재 특성상 호불호가 살짝 갈릴 수 있지만 19금적인 접근을 위한 구도이므로 가볍게 접근해보자.

1단계. 관심을 가지게 해보자

여주는 거래처 미팅을 하러 간다. 회의실에서 미팅을 하던 도중, 갑자기 대표라는 사람이 들어온다. 회의 계속하라고 하는 대표. 어디서 본 얼굴인 것 같다고 생각하는데, 대표가 회의 중간에 갑자기 애인 있냐고 물어 온다. 여주는 화들짝 놀라지만, 그래도 어찌어찌 넘어간다.
→ 1단계 : 둘을 엮어 주기 위해 거래처 구도를 이용하는 상황. 여주는 남주가 누구였는지 긴가민가하고 있음. 반면 독자 입장에선 누가 봐도 남주가 여주를 이미 아는 듯한 의미심장한 상황이다.

2단계. 신경이 쓰이게 해보자

이후 상대 회사에서 미팅 때마다 그녀를 담당자로 해달라고 거의 통보가 내려온다. 아쉬운 입장이라 따를 수밖에 없는 여주, 어쩔 수 없이 계속 해당 회사로 발걸음하게 된다. 한데 그쪽 대표가 자꾸 회의에 끼어들고 중간중간 질문도 던진다. 여주는 처음엔 불쾌해하지만, 남주가 일하는 모습을 보니 의외로 프로답다. 장난만 치는 줄 알았는데 꽤 일도 잘한다. 그리고 처음의 무례했던 것과 달리 꽤 정중해서 놀라는 여주. 대체 뭐지? 하고 있는데 남주가 따로 불러낸다. '기억이 안 나는 거야, 안 나는 척하는 거야?'라고 묻는 남주. 그제야 남주가 누구인지 알게 되는 여주. 어릴 적의 기억은 꽤 좋았어서 내심 반갑다.

→ 2단계 : 남주에 대한 관심이 발전하는 중. 역시 처음의 엮임 포인트에서부터 자연스레 관심의 발전으로 이어진다.

3단계. 갈등의 시작

담당했던 프로젝트가 거의 마무리되고, 여주는 이제 그를 볼 일이 없겠다 생각한다. 그런데 갑자기 사장이 여주를 호출. 여주는 당황한다. 무슨 일이냐 물으니, 상대 회사에서 컴플레인을 걸었다고 한다. 심각한 문제가 생겼는데 그 원인이 여주 때문이라는 것. 황망해서 상대 회사에 가니 남주가 기다리고 있다. 여주가 내게 왜 이러느냐고 묻자, 남주는 무슨 소린지 모르겠다면서, 네가 심각한 손해를 끼쳤고, 해결하지 못하면 수십억의 벌금을 물어내야 할 거라 이야기한다.

→ 3단계 : 남주의 협박으로 인해 호감이고 뭐고 정신이 없는 여주. 이 부분이 바로 둘이 잘되기 위해서 필연적으로 넘어야 하는 산이 된다.

4단계. 갈등과 함께 마음을 깨달음. 장애물을 해결하고 해피엔딩

이후 남주는 주기적으로 그녀를 불러낸다. 그녀가 벗어나고 싶어하면 협박을 하다가도, 그 외의 상황에는 지나치게 다정하다. 여주는 대체 나한테 왜 이러나 싶다. 그러나 마음이 차가워지려고 할 때면 남주가 귀신같이 불쌍하게 군다. 자신의 과거와 상처를 이야기하면서 여주의 마음을 흔들어 대는 남주. 결국 여주는 어느 순간부터 남주가 불쌍하고 신경 쓰이게 된다. 때맞춰 남주가, 어떻게든 여주의 빚을 수습해 보겠다고 한다. 그러면서 자신이 어떤 손해와 피해를 감수하게 되는지 어필하는 남주. 동시에 사실 아주 오래전부터 여주를 좋아해 왔다고 고백까지 한다. 하지만 네가 싫으면 어쩔 수 없다는 말까지, 약한 모습에 홀린 여주는 결국 OK하게 된다.

→ 4단계 : 역시 가장 처음의 케미 설정에서부터 이어지는 결말이다. 둘 사이의 가장 극단적인 갈등은 여주가 동정심이 들지 않게 만드는 것이었으나, 적절히 동정심을 유발함으로써 사랑으로 이어 가는 것에 성공.

역시 이후로 좀 더 풀 수 있는 이야기가 남아 있을 것이다. 그러나 감정적인 큰 단계는 여기까지로 끝났으니 OK. 이후는 어떤 자잘한 이야기들을 덧붙일 것인지가 남았다.

3-3) 실전 : BL

BL도 없으면 섭하다. BL은 비교적 자유롭다고 이야기했으니, 이번엔 추리를 살짝 끼얹어 보자.

> **예시**
> 수 : 몇 년 전, 교통사고를 당하기 전의 기억이 없는 수, 나름 평범하게 사회생활을 하던 어느 날 갑자기 발에 비늘이 생겨난다. 이게 어찌 된 일인가 전전긍긍하는 앞에 공이 나타난다.
> 공 : 정체를 알 수 없는 남자. 갑자기 수의 앞에 나타나서 비늘이 전신으로 퍼질 것이라 말하며 그걸 막고 싶으면 자신을 찾아오라 말한다.

> **케미 포인트**
>
> 문제가 생긴 수와 그 해결책을 쥐고 있는 것으로 보이는 공. 또한 모두가 눈치챘겠지만 기억이 없다는 것도 분명 공과 연관 있을 확률이 높다. 보통 이런 경우 극적인 상황의 반전 요소로 많이 쓰인다.

1단계. 관심을 가지게 해보자

갑작스런 몸의 변화에 놀란 수. 병원에도 가 보고 여기저기 다녀 보지만 다들 처음 보는 현상이라고 한다. 그런 와중에 갑자기 공이 찾아와, 네 몸에 난 것은 비늘이며, 그대로 두면 온몸으로 퍼질 것이라고 경고한다. 뭔가를 아는 듯해서 반가운 한편 두려움을 느끼는 수. 저 남자는 대체 뭐 하는 사람이지? 믿어도 되는 건가? 그러나 점점 그 말대로 비늘이 돋아나는 것을 느끼고, 설상가상 계절은 여름이 가까워 오는 중이다. 이대로 사람들에게 알려지면 이상한 실험체로 끌려가는 게 아닌가 무섭다. 결국 수는 참고 참다가 공을 찾아가게 된다.

공은 수에게 어떤 연고를 주면서, 이걸 바르면 그것이 가라앉을 것이라 말한다. 수는 연고를 발랐더니 정말로 비늘이 사라지는 것을 확인. 이제 되었다고 생각하고 평범한 일상으로 돌아오려 하지만, 시간이 지나자 또 다시 비늘이 올라온다. 연고는 이미 다 써서 없다. 수는 어쩔 수 없이 다시 공을 찾아간다.

→ 1단계 : 관심을 가지게 되는 계기. 수에게 닥친 문제를 해결해 줌으로써 둘이 엮이게 만든다. 수의 입장에서는 선택의 여지가 없는 상황.

2단계. 마음이 가게 해보자

공은 이 연고를 계속 발라야만 하며, 그러지 않으면 결국 온몸이 변하고 인간처럼 살 수 없게 될 것이라 경고한다. 수는 대체 왜 이런 일이 생긴 건가 싶지만 공은 절대 말해 주지 않는다. 연고를 한꺼번에 달라고 하지만 소용없다. 대신 공은 조건을 건다. 일주일에 한 번씩 자신을 만나서 연고를 받을 것.

수는 어쩔 수 없이 수락한다. 혹시 이상한 일을 시키려는 게 아닌가, 정체 모를 실험실에 끌려가는 건 아닐까 전전긍긍. 그리고 바짝 긴장하여 공을 만나러 가는데, 그는 별다르게 하는 것이 없다. 그저 자신을 데리고 여기저기 다닐 뿐. 정신 차리고 보니 식사를 하고 차를 마신 후 집 앞에 바래다주기까지 한다. 태도가 묘한 공이 신경 쓰이는 수. 그러나 여전히 아무 말도 해주지 않는 공.

이후로도 비슷한 만남이 쭉 이어진다. 수는 이제 뭔가 이상하다고 생각하기 시작한다. 그는 마치 자신을 협박하는 것처럼 굴지만, 실제 하는 행동은 전혀 다르다. 심지어 언뜻 호의적이라고 느껴지기까지. 점점 더 공의 행동이 이해가 가지 않는 수.

→ 2단계 : 신경이 쓰이지만 아직 경계심이 강해서 호감으로까지는 생각 못 하는 상황이다. 역시 수에게 벌어지는 일 때문에 계속 만날 수밖에 없는 구도. 그러나 아무것도 밝히지 않으면서 정작 태도는 다정한 듯한 남자의 분위기가 수를 긁는다. 이 부분은 독자의 호기심 포인트이기도 하다.

3단계. 결정적인 갈등을 만들자

여름이 되고, 어느 날. 갑자기 낯선 사람이 수를 붙잡는다. 그러더니 그의 발을 확 낚아채어 자세히 살펴본다. 다행히 연고를 계속 바르고 있어서 아무것도 올라오지 않은 상태. 뭔가를 알고 있는 듯한 상대의 태도에 수는 우왕좌왕한다. 상대가 너 교통사고 당한 적 있지 않냐고 물어보고, 수는 어떻게 알았냐고 대답한다. 상대는 고개를 갸웃거리면서 일단 돌아간다. 풍기는 분위기가 영 심상치 않아서, 수는 공에게 물어보기로 한다.

그 얘기를 들은 공은 처음으로 수에게 화를 낸다. 왜 모르는 사람에게 순순히 이것저것 알려 주느냐는 말에 수는 영문을 모르고 억울해졌다가, 그동안 쌓인 감정이 왈칵 터지면서 나한테 대체 왜 그러냐고 하고 뛰쳐나간다. 공은 황망히 쫓아가지만 이미 그는 없어진 상태.

수는 공의 사무실에서 뛰쳐나온 후 밤거리를 헤매다가 갑자기 처음 보는 차에 강제로 태워진다. 약에 취해 기절하는 수.

→ 3단계 : 스토리상 제일 큰 위기이면서 둘의 결정적 갈등 상황. 수의 정체, 공의 정체가 제일 큰 갈등과 맞물려 있을 수밖에 없는 이야기 구조이기 때문에 자연스레 이 부분이 하이라이트가 된다. 동시에 둘을 이어 줄 수 없는 가장 큰 이유가 서로의 비밀이 해소되지 않은 부분이었기 때문에 여기부터 본격적으로 그 트릭이 풀린다.

4단계. 장애물을 해결하고 해피엔딩

알고 보니 수는 인어인데, 짝사랑을 이루기 위해 뭍으로 올라온 것. 그러나 목표 대상에게 버림받았다. 심지어 상대는 세상에 수의 정체를 알리려 했으나, 그의 심복이었던 공이 그것을 막은 것이다. 그는 교통사고로 위장하여 수를 빼돌린다. 수는 5년 후까지 사랑을 이루지 못하면 인어의 몸으로 돌아가 죽게 되는데, 공이 그것을 늦추는 방법을 찾아낸다. 거기엔 인어 왕과의 거래가 있었다.

왕은 공의 수명을 대신 받고 수에게 한 번의 기회를 더 주기로 한다. 그러나 정체를 밝히면 안 된다는 조건과 함께, 만약 공과 사랑이 이루어진다면 인간으로서 살게 해 준다고 약속한다. 그러나 수가 살아 있음을 눈치챈 악역이 다시 수를 납치해서 인어의 존재를 이용하려던 것이다.

납치되어 모든 것을 알게 된 수, 기억이 돌아온다. 알게 모르게 공에게 쌓여 왔던 마음의 둑이 무너지면서 그를 좋아한다는 걸 깨닫는다. 공은 그를 구해내는 데 성공한다. 결국 마음을 확인하는 둘.

→ 4단계 : 이후는 해피엔딩. 인간으로서 살아가게 되는 수와 그를 지키느라 혼자 애쓴 공의 비하인드 러브 스토리로 외전.

여기까지, 각 장르별 뼈대 세우기 예시를 정리해 보았다. 이 뼈대를 세우는 과정은 아주, 매우 중요하다. 일단 본문부터 쓰고 싶더라도 꾹 참고, 뼈대는 착실하게 세운 후에 작업에 들어가기로 하자. 뼈대 세우기에 더 살을 붙일 수 있는 부가적인 방법은 다음 장에서 계속 이어진다.

Stella

로맨스 웹소설 현직 편집자의 코치

종종 **뼈대 세우기**를 제대로 하지 않은 채 이렇게 접근하는 경우가 있다. '여기까지 이미 정해 버렸으니까 다음은 이렇게 하자', '이 소재를 어떻게든 해결해야 하니까 다른 아이디어를 끌어들여서…' 이런 식의 '수습하는 플롯 전개'는 위험하다. 이건 앞만 보고 달리는 상황과 다르지 않다. 작가라면 글을 위에서 볼 줄도 알아야 하고, 중간에 길을 잘못 들었다면 과감하게 포기할 줄도 알아야 한다.

물론 초보자가 그걸 판단하기는 쉽지 않은데, 그렇기 때문에 꼭 '뼈대 세우기'를 먼저 하기를 권하는 것이다. 핵심은 '반드시 일어나고야 말 사건' 즉, 변하지 않는 중심추 역할을 할 사건을 고정하는 것이다. 그래야 글이 딴 데로 새다가도 다시 돌아오기 때문.

이 작업을 안 한 채로 '이런 소재로 시작했으니까 다음엔 뭐가 와야 하고, 독자들이 이런 거 좋아할 거 같으니까 이것도 넣고…' 이런 식으로 플롯을 짰다가는 중간에 내가 이걸 왜 이렇게 짰지? 하는 사태가 생기게 된다. 특히 영화 타입의 경우는 떠올린 장면들을 어떻게든 다 넣고 싶어서 고민하고, 컨셉 타입의 경우에는 이런저런 소재를 한꺼번에 넣으려고 고민하기도 한다. 역시 마찬가지 맥락이다. **뼈대**를 제대로 잡지 않은 상태에선 뭘 넣고 **빼야** 할지도 헷갈린다. 결국 나중엔 하려던 이야기가 뭔지도 알 수가 없어진다. 그러니 꼭! 중심 공사를 제대로 하고 가도록 하자.

❝

독자들이 로맨스를 보는 이유 자체가
둘의 관계가 변하는 것을 보기 위해 보는 것이므로,
가장 중요한 이 포인트에서부터
이야기의 뼈대를 잡아야 한다.

❞

끊을 수 없는 쫄깃함 더하기

1) 서브 플롯, 살 붙이기

메인 스토리가 로맨스가 아닌 경우가 있다. 로판의 경우 다양한 케이스를 가지고 있기 때문에 여주의 사업 성공담, 혹은 성장담이 메인일 수 있고, 복수극이나 가족물이 주된 소재일 수도 있다. 하지만 그렇다고 걱정할 필요는 없다. 어느 쪽이 메인이고 서브냐의 문제일 뿐이므로. 분명한 것 한 가지는, 메인과 서브는 서로 상부상조하는 역할을 하며 극을 끌어간다는 것이니까.

이 경우 메인으로 쓸 스토리 라인, 즉 '무슨 이야기를 하고 싶은가'에 속하는 가장 핵심 내용이 무엇이냐에 따라 메인 플롯과 서브 플롯의 비중을 조절할 수 있다. 메인이 서브가 되거나, 반대로 서브가 메인이 되는 것도 얼마든지 가능하다는 것이다.

만약 가족 꽁냥물인데 나중에 남주가 등장하는 케이스라면, 가족과의 관계 진척 단계 역시 몇 가지로 나눠서 설계할 수 있는 것이다. 폭군 아빠와 딸이 가까워지는 계기가 3개 정도 있다고 한다면 그중 1개 정도는 로맨스적으로, 남주와 엮일 요소로도 활용할 수 있다.

어느 정도 큰 여주가 맘에 들어하는 남자가 생기자, 아빠가 질투를 해서 토라진다거나. 이런 식의 적용을 하면 두 마리 토끼를 동시에 잡는 것이다. 혹은 적을 물리치면서 남주와 여주가 이어지는 것도 마찬가지 맥락이다. 어차피 서로 얽혀 있기 때문이다. 이런 식으로 두 마리 세 마리 토끼를 잡는 일은 흔하게 일어난다.

예를 들어 남주가 여주를 도움으로써, 이런 식의 활용이 얼마든지 가능하다.

1. 자신의 마음을 깨닫게 됨(로맨스)
2. 여주의 사업이 활로를 찾음(성공담)
3. 악역한테 본때를 보여 줌(복수극)

보통 서브 플롯은, 내가 따로 더 하고 싶은 이야기가 있는 게 아니더라도 추가적으로 만들어주는 편이 이야기를 한결 풍부하게 해 준다. 예를 들어 로맨스 중심 이야기라고는 해도, 계속 수십 화 내내 둘이 붙어만 있을 수는 없는 것이다. 연애만 주야장천 하는 이야기라면 오히려 다른 방면으로 루즈해질 위험도 있으니, 중간 중간 이런 식으로 다른 사건을 함께 다뤄 주면 이야기의 쫄깃함이 더해진다.

서브 플롯을 만드는 방법은 간단하다.

> **< 서브 플롯을 만드는 방법 >**
> **여주, 혹은 남주에게 능력, 목표, 재능을 주는 것**

그리고 모든 사건은 에스컬레이터 되는 것이 기본. 메인 플롯이든 서브 플롯이든 마찬가지다.

바로 예시를 들어 보자. 로맨스판타지로 가정하겠다.

> **예시**
> 죽을병에 걸렸다가 살아난 이후, 그 사람이 앞으로 살 시간이 머리 위로 보이는 여주. 이러면 이 여주의 능력은 어떤 식으로든 사건을 끌어들일 수 있게 된다. 이 능력으로 비밀 예언 조직을 운영한다고 해보겠다. 한데 우연히 황태자의 수명을 보게 되었는데 그가 머지않아 비명횡사할 것임을 알게 된 상황이다. 이미 모두가 황태자가 황제가 되리라 철썩같이 믿고 있는 상태. 여주는 국가의 운명이 걸린 중대한 사태라 생각하고, 이를 황실에 알리기 위해 힘쓰게 될 것이다.
> 이런 경우 남주가 2황자라거나 하면 로맨스와도 적절히 엮기 좋은 구도가 된다. 혹은 황자가 아니더라도 귀족일 테니, 여주가 하려는 일에 힘을 실어 주는 식의 전개도 가능해진다. 이러면 로맨스와 별개이면서도 로맨스와 엮기 좋은 또 다른 이야기 줄기가 생기는 것이다.

내가 짠 뼈대에 어떤 서브 스토리를 붙이면 재미있을지를 고민해보자. 위에서 이야기한 것처럼 주인공에게 능력, 목표, 재능을 주면 된다. 다만 기존 뼈대와 충돌하거나 다른 방향으로 가는 서브 스토리를 짜서는 안 된다. 메인은 괜히 메인인 게 아니므로 주의! 단, 짜다 보니 사실 하고 싶은 이야기가 로맨스보다는 서브 스토리 쪽이었다면 과감하게 무게 중심을 옮겨도 좋다. 다만 이 경우 대공사가 되거나 개연성이 빌 수 있으니 주의. 이런 점을 막기 위해 가급적 처음부터 하고 싶은 메인 스토리가 무엇인지 명확하게 잡고 가는 편이 좋다.

2) 긴장 요소 더하기

긴장 요소는 사실 서브 플롯과 맥이 크게 다르지 않다. 다만 서브 플롯이 잘 쌓아 나가는 어떤 다른 이야기 줄기를 보여주는 거라면, 긴장 요소는 '해결되지 않은 문제를 제시함으로써 극의 완결까지 긴장을 끌고 가게끔 하는' 역할을 한다. 비슷하면서 다르다.

이 긴장 요소를 적절하게 설정해주면 극이 조금 늘어지거나 지루해지는 순간이 오더라도 이 부분 때문에 독자들이 이야기 자체에서 이탈하는 것을 막아 주게 된다. 이를테면 암살자에게 쫓기는 여주가 중간에 조금 쉬어 가거나 늘어지는 일이 생기더라도 독자들이 그것을 잊지 않고 기본적인 긴장감은 가지고 가게 되는 것처럼. 똑같이 침대 위에 늘어지는 장면을 보여주더라도 누군가 그녀를 쫓고 있는 상황과 그냥 일상에서의 상황은 온도가 다르다.

그럼 어떻게 긴장 요소를 심을까? 방법은 간단하다.

> **< 긴장 요소를 심는 방법 >**
> **여주, 혹은 남주에게 비밀, 약점을 주는 것**

다시 한 번 말하지만 서브 플롯과 접근 방법이 크게 다르지 않다.
이번에도 예시를 보자. 현대로맨스로 가정하겠다.

> **예시**
> 재벌 2세 싸가지 없는 남주에 동정심 많은 여주. 여기에는 여주네 어머니가 사실은 건강이 나쁘다는 아주 뻔한 설정을 줄 수도 있다. 그리고 어머니의 병환이 중간중간 악화되었다가, 조금 나아졌다가 하는 장면을 추가적으로 보여

준다. 그럼 여주는 어머니의 병환 때문에라도 남주에게 을이 될 수밖에 없는 포지션이 되기 쉽다. 또한 어머니가 병이 낫거나 아니면 반대로 안 좋은 쪽으로 결말이 나거나 하지 않는 이상 계속 긴장도를 일정 이상 끌고 갈 수 있는 극적 요소가 된다.

하지만 이건 좀 신파극 분위기 같으니까 다른 방법도 써 보도록 하자. 인물 설정에서 배운 '어디 하나 빠지지 않는 존잘 남주에게 약간의 인간다움 끼얹기' 스킬을 적용해보는 것이다.

예시

남주가 정서적으로 불안정할 때 먹는 약이 있는데, 그 약을 지어 주는 의사가 사실은 남주의 적대 세력에 섭외된 의사인 것이다. 그래서 남주가 먹는 약에 장난질을 친다고 해보자. 초반부터 냄새를 풍겨 주다가, 어떤 중요한 순간에 남주가 기억이 안 난다거나 헷갈린다거나 하는 상황을 주는 것이다. 그럼 이런 부분 역시 의사의 정체를 알아내기 전까지는 끊임없이 '혹시…?' 하는 생각을 들게 만드는 훌륭한 긴장 요소가 된다.

이런 식으로 기존에 세워 둔 뼈대에서 어떤 요소를 추가할 수 있을지 고민해보자. 관계 타입이나 컨셉 타입이라면 사실 이미 인물 설정에서부터 이런 요소를 잡아 놨을 가능성도 있다. 혹시 없다면, 적당히 빈틈이 보이는 곳을 만들어 추가하거나 기존 설정을 살짝 틀어주는 것도 좋은 방법이다.

그럴 필요 없을 만큼 극이 촘촘하게 짜여 있다면 굳이 넣지 않아도 된다. 메인 뼈대만으로는 좀 빈약하다는 느낌이 들 때 적절하게 활용하기 좋은 소스니까.

"

기존 뼈대와 충돌하거나 다른 방향으로 가는 서브 스토리를 짜서는 안 된다.
메인은 괜히 메인인 게 아니므로 주의!

"

훅 끌어들이는 도입부

1) 도입부 개념

자, 드디어 도입부다. 지금까지 시장을 이해하고 인물을 만들고, 이야기 뼈대까지 만드는 긴 과정을 지나왔다. 이렇게 열심히 만든 작품이니 도입부는 당연히 중요할 것이다. 도입부, 하면 무엇이 떠오르는가?

요새 연재 시장에는 용두사미라는 말이 유행처럼 돌아다니는데, 사실 그 말에 답이 있다. 웹소설은 초반 5화가 승패를 가른다고 많이들 이야기한다. 사실 이 말보다 조금 더 과장해서 들어도 크게 틀리지 않다. 초반부도 물론이며 프롤로그, 도입부는 그중 최고라고 해도 과언이 아니다.

장르소설 독자의 특성을 여기까지 오는 동안에도 여러 번 이야기했다. 가장 큰 특징을 기억하는가? 바로, 인내심이 없는 편이라는 것. 기다리기 싫어한다는 것. 깊게 생각하고 싶지 않아 하는 것이라고 했었다. 같은 맥락이다.

언젠가부터 굉장히 직관적이고 다소 유치해 보이는 느낌의 제목들이 인기 리스트를 거의 꿰차게 된 것 역시 비슷한 맥락이다. 제목만 보아도 어떤 내용인지 짐작이 되어야 하기 때문.

그럼 도입부는? 사실 제목, 소개 글과 거의 맥락이 같다. 대다수의 독자들이 도입부를 본 이후 2~3화까지 보면서 이 소설을 볼지 말지를 결정한다. 즉, 식당으로 치자면 여기서 손님을 끌어들이지 못하면 장사가 잘 안 될 확률이 높다는 이야기다. 조금 과하게 이야기하자면 도입부에 승부수를 걸어도 된다고 할 정도다.

이것이 워낙 전반적인 경향이 되다 보니 도입부에 목을 매는 작가들이 늘어났고, 할 이야기를 미리 다 끌어와서 쓰는 경우도 종종 생기다 보니 뒤로 갈수록 이야기가 약해지고 용두사미라는 쓴소리들이 나오게 된 것도 있다. 그래서 연재 작품의 중후반부에 주로 '선발대인데, 이 작품 슬슬 재미가 없어져요.'라거나, '선발대입니다. 믿고 달리셔도 됩니다.' 등의 댓글이 달리게 되는 것이다.

당연히 뒤로 가서도 재미있으면 최고겠지만, 우선 중반부까지라도 독자들이 읽게 만들기 위해서는 도입부가 대단히 중요하다.

2) 도입부 2계명

그럼 의문이 생길 것이다. 어떤 부분을 도입부로 삼아야 하지?
대원칙이 2개가 있다.

> **< 도입부 2계명 >**
>
> 1. 가급적이면 강렬한 한 방을 가져올 것
> 2. 두 사람이 어떤 식으로 엮이게 될지, 이야기 전개 힌트를 줄 것

그런데 의외로 이 두 가지에서 생각보다 헤매는 경우가 많다. 일단 대부분의 로맨스, 로판, BL을 생각해보면 첫 화부터 남주가 등장하는 경우가

대다수라는 건 바로 이해할 수 있을 것이다. 왜 남주가 등장하는 것이 빨라야만 하는 걸까?

답은 간단하다. 남주의 존재 자체가 당근 역할을 하기 때문이다. 작품을 처음으로 펼친 독자는, 이 이야기가 자신에게 어떤 심리적 보상을 줄 것인가를 궁금해한다. 즉, 이 이야기를 뭘 보고 따라가면 좋을지 첫 화부터 방향을 보여 줘야 한다는 의미다.

여기서 누가 봐도 호감 가는 남주, 어떻게 잘될지 보고 싶게 만드는 남주는 이야기의 가장 중요한 메인 소스가 된다. 이런 남주를 보여줄 건데 볼래? 하고 독자에게 질문을 던지는 역할을 하기 때문.

로판의 경우에는 '현실 세계에서 힘들게 살던 여주, 갑자기 퇴근길에 차에 치임! 이대로 죽는 건가? 했더니 갑자기 처음 보는 제국의 막내 황녀로 태어남.' 하는 식으로 시작되는 것을 많이 보았을 것이다. 회귀, 빙의, 환생이라는 키워드로 대체되는 이 흐름은 기본적으로 '예전과는 달라졌어!'라는 걸 보여주는 것을 전제로 한다.

회귀의 경우, '저번엔 맨날 당하고 살았는데 과거로 돌아왔으니 이제 본때를 보여주마!'로 시작하는 경우가 있는가 하면, 빙의는 '조만간 죽는 악녀 조연에게 빙의했는데 난 죽지 않고 살아남아서 가주가 되겠어!'로 시작하기도 하고, 환생이라면 '현실 세계에서 너무 힘들게 살았는데 이 세계로 와서는 귀한 집 막내딸로 환생했으니 꽃길만 걸어 보자!' 혹은 '원래 알던 지식을 이용해 이 세계에서 원탑이 되어 보자!' 등으로 시작한다.

무슨 의미인지 와닿는가? 도입부의 두 가지 명제 중 '어떤 이야기가 될지 힌트를 줘야 한다'라는 부분과 일맥상통하는 것이 느껴질 것이다. 결국 이야기가 어떤 방향을 향해 달릴지 도입부에서부터 보여 줘야 한다는 뜻이다.

그럼 예시를 들어 보자. 이전 챕터에서 이야기했던 마족 남주와 평등 의식 여주를 데려와 보겠다. 도입부에서는 강렬한 한 방, 그리고 앞으로의 방향에 대한 힌트를 줘야 한다고 했었다. 그들의 이야기에서 도입부로 끌고 올 만한 사건이나 장면이 몇 개가 있을 것이다. 후보를 꼽아 보자.

> **예시**
>
> 1. 둘의 첫 만남.
> 2. 남주가 여주에게 디저트 조건 만남(?)을 제안하는 순간.
> 3. 정적이 남주에게 시비를 거는 장면.
> 4. 남주가 마족의 피를 제어하지 못해 힘들어하는 상황.

어떤 것을 가져오고 싶은가?

저자는 2번을 가장 추천한다. 왜냐면 몰입도 높은 강렬한 한 방이면서 동시에 앞으로의 이야기가 어떤 흐름이 될지 아주 명확하게 짚어 주는 힌트가 되기 때문이다. 그러고 나서 왜 이렇게 되었냐면~ 하는 식으로 돌아가 둘의 인상적인 첫 만남부터 거슬러 올라가면 된다. 그리고 더불어, 조건 만남을 제안하는 상황 특유의 긴장도 높고 흥미로운 분위기로 높은 몰입도까지 끌어들일 것이다.

물론 여주가 등장한다는 전제하에 4번도 나쁘지 않다. 핵심은 '둘이 어떤 식으로 엮이는 이야기가 될지' 보여주는 것, 로맨스 선상에서 가장 두근거릴 만한 순간을 가져오는 것이다. 혹은, 로맨스보다 중요한 메인 소스가 있다면 그 이야기 선상에서 가장 재밌어지려는 순간을 가져오거나. 그럼 2번은 강렬한 한 방과 앞으로의 힌트를 다 보여 줬다. 혹은 여주를 적당히 끼워 줘서 4번을 가져다 쓸 수도 있겠다.

도입부를 정하는 것은 생각보다 그렇게 간단하지는 않다. 감각적으로 어떤 부분이 앞에 던져지면 이 이야기가 재미있어 보일지 몇 가지 포인트를 꼽아 보도록 하자. 보통은 관계가 극적으로 진전이 될 것 같다거나, 심적인 긴장도가 높다거나, 큰 사건이 일어나기 직전 같은 변화의 순간들일 것이다. 전체 뼈대에서 그런 사건, 장면을 몇 가지 꼽아 보고, 그중에 가장 '앞으로의 힌트를 주면서도 강렬할 만한' 장면 하나를 골라 보도록 하자.

시선을 사로잡는 것이 도입부를 잘 정하는 핵심이다.

> 장르소설 독자의 특성을 여기까지 오는 동안에도 여러 번 이야기했다.
> 가장 큰 특징을 기억하는가?
> 바로, 인내심이 없는 편이라는 것.
> 기다리기 싫어한다는 것. 깊게 생각하고 싶지 않아 하는 것!

6장

바로 쓸 수 있는 글쓰기 공식

소설이란? 장면의 배치!

1) 소설의 최소 단위, 장면

드디어 여기까지 왔다. 이제 이번 장에서는 정말로 글 쓰는 데 필요한 가장 실전적인 기술들을 이야기할 것이다. 열심히 세운 뼈대와 설정값들을 드디어 글로 풀어내는 것이다.

지금까지 구상한 것들이 소위 탄탄한 줄거리라면, 이제 그것을 정말 낱낱으로 뜯어서 사람들 앞에 보여 줘야 한다.

그러자면 먼저 짚고 넘어가야 하는 개념이 있다. 바로 소설의 기본 단위이다. 글의 기본 단위는 문장이 아니냐고 생각할 수도 있을 것이다. 물론 원칙적으로 접근한다면 그렇다. 하지만 소설은, 이야기는, 기본적으로 '장면'을 단위로 구성되어 있다. 사람의 몸을 이루는 것이 하나하나의 뼈와 근육, 장기이듯이, 소설은 하나하나의 장면이 모이고 모여서 전체 이야기를 이루는 것이다.

그럼 소설을 쓴다는 건 무엇일까? 장면을 어떤 순서로 보여 줄지 배치하는 것을 뜻한다. 뼈대를 열심히 세웠고 이야기의 흐름도 다 뽑았지만, 이것이 있는 그대로 장면의 배치 순서가 되지는 않는다. 실제 장면을 써보면, 장면의 길이와 분위기에 따라 또 완급이라는 것이 생기기 때문이다. 여기까지 수월하게 넘어왔다고 생각했는데 이건 또 무슨 소리인가 싶을 것이다. 하지만 그리 어렵지 않다. 간단하게 접근해보자.

2) 독자를 달리게 만드는 장면 배치의 규칙

그럼 어떻게 장면을 배치해야 이야기가 쫄깃하고 재밌어질까? '잘' 배치해야 할 것이다. 다행히 장면을 배치하는 것에는 나름대로의 룰이 있다. 물론 글이라는 건 기본적으로 유기적이기 때문에 수학처럼 무조건 이렇게 하면 된다! 1+1=2! 같은 규칙이 있는 것은 아니다. 그러나 흔히 잘 쓴 작품들에서 볼 수 있는 장면 배치의 흐름이라는 것은 있다. 여기서 정리하는 큰 룰만 잘 따르도, 웬만해서는 길을 벗어나는 일은 없을 것이다.

룰 1. 뼈대에서 세운 단계별 분기점을 향해 달린다

첫 번째는 바로 단계별로 나눠서 목표를 향해 달리는 것이다. 뼈대를 세울 때 전체 이야기를 이루는 몇 가지의 큰 단계를 잡았다면 바로 그것을 활용하는 방법이라고 이해하면 된다. 예를 들면 이런 식이다.

> **예시**
>
> 로판 세계관이고, 여주는 유명 가문의 딸이지만 굉장한 추녀라서 가족들과 다른 영애들에게 괴롭힘을 당하며 살아왔다. 그런데 사실 알고 보니 그녀는 특이 체질로, 성인이 되는 순간 새로운 모습으로 다시 태어난다. 그리고 다시 태어난 모습은 빼어나게 아름다웠다고 해보겠다. 진정한 모습을 알게 된 그녀는 이제 생각할 것이다. 좋아, 날 지금까지 바보 취급하고 괴롭혔던 애들에게 복수하겠어!

그럼 그녀를 주도적으로 괴롭혔던 3인방 중에 A백작 영애, B공작 영애, C황녀가 있다고 해보겠다. 당연히 작위순으로 만만한 A부터 공격하게 될 것이다. 물론 메인 스토리는 로맨스이기 때문에 중간중간 남주와도 엮어 줘야 한다.

그녀의 복수 스토리는 아마 소심하게 덜덜 떨면서 할 말 하다가(저 여자 원래 저랬나? 남주가 관심을 가짐) → 주위 반응이 달라지는 걸 보고 좀 더 당당해지다가(남주가 좋아하게 됨) → 중후반부터는 사교계의 여왕이 되는(남주가 고백함) 식의 흐름으로 갈 것이다.

이건 예시라 일부러 이야기 단계를 좀 더 간략하게 만든 것이지만, 이런 경우 전체 흐름에서 접근할 단계는 3개가 된다. 그럼 초반부에 독자들에게 이야기의 방향을 안내한 다음에 타깃은 바로 A부터야! 하고 1차 목표를 가리켜 보이는 것이다. 아마도 이런 장면이 될 것이다.

> "여주야, 왜 울어."
> "억울해…. 처음부터 이런 모습이었다면 아무도 날 싫어하지 않았을 거야."
> 그러자 그녀를 물끄러미 보고 있던 친구가 담담하게 이야기했다.
> "아냐, 여주야. 그건 그냥 걔들이 못된 거지. 네가 예쁘고 못생긴 거랑은 상관없어."
> 그치만 그래, 외모가 무기가 될 수는 있지. 친구는 그렇게 중얼거리더니 문득 생각났다는 듯 여주에게 말했다.
>
> "여주야, 복수할까? 우리."
> "응?"
> "억울하다며. 잘못은 걔들이 한 거잖아. 넌 복수할 자격이 있어."
> "복수…."
>
> 생각만 해도 긴장되는 단어다. 여주는 애써 상상해 보았다. 지금의 모습이 된

> 자신이, 파티장의 홀로 들어서는 순간. 모두가 자신을 바라볼 것이다. 깜짝 놀라겠지? 특히 자신만 보면 못 잡아먹어 안달이던 A가, 분에 차서 바들바들 떨지도 모른다.
> 무섭다. 하지만 동시에 벅차오른다.
>
> "응. 나, 하고 싶어. 복수."

이렇게 판을 깔아 주고 시작을 하면, 중간중간 내용이 좀 딴 데로 새거나 루즈해지더라도 단기 목표를 잡아 주었기 때문에 독자들이 잘 따라올 수 있게 된다. 이야기 전체적인 목표나 긴장도와는 별개로 중간중간 독자들을 잡아당기는 지점을 짚어 주는 것이라 보면 된다. 1차 목표가 달성되면 또 다음 목표를 잡아 주면 되는 식이다. 이렇게 단계별 분기점을 향해 장면을 배치해 나가면 독자를 좀 더 잘 쫓아오도록 만들 수 있다.

룰 2. 당근과 채찍을 번갈아 쓰자

두 번째는 단맛과 쓴맛을 번갈아서 보여 줘야 한다는 것이다. 너무 달달한 것만 계속 나오면 그 단맛이 물릴 수 있고, 반대로 쓴맛만 계속 나오면 단맛을 보려고 시작한 건데 왜 쓴맛만 주지? 하는 생각을 하게 된다. 즉, 로맨스나 꽁냥힐링 장면(당근) 이후에는 적절히 악역도 설치게 해줄 필요(채찍)가 있다는 뜻이다. 혹은 둘이 확 가까워졌다가(당근) 오해로 멀어지게 되는 것(채찍)도 마찬가지다.

당근과 채찍을 적절히 섞어서 장면을 이어 나가면, 그 자체만으로 완급 조절이 되는 효과가 있기 때문에 역시 독자들의 이탈을 방지하고 이야기를 쫄깃하게 이어 갈 수가 있다. 위의 예시를 그대로 가져와 보도록 하자.

> 무도회에서 A와 가볍게 말싸움을 벌인 여주, 그리고 어느 정도 설욕을 하는 데 성공했다고 해보겠다. 이후에 여주는 긴장한 몸을 진정시키려 정원으로 빠져나왔는데, 거기서 우연히 남주와 만나게 된다. 남주는 여주에게, 무슨 심경의 변화냐고 물어본다. 외모가 바뀌면 성격도 바뀌는 거냐는 그의 말에, 여주는 '아니요. 외모가 바뀐 것은 맞지만, 내가 잘못한 게 없다는 걸 깨달았을 뿐이에요.' 하고 응수한다. 그날 밤의 연회는 그렇게 끝이 났다. 여주는 집에 돌아오고, 나름대로의 성공적인 시작을 자축하며 잠에 든다.

이후에는 친구와 만나서 어떤 식으로 승리를 거머쥐었는지 수다를 떨며 티타임을 가질 수도 있을 것이다. 또 그러고 집에 도착했더니 남주에게서 초대장 같은 것이 도착했을 수도 있다. 한데 너무 무난하게만 흘러가는 느낌도 없잖아 있다. 잘 풀리는 건 당연히 좋지만 이야기라는 것은 처음부터 끝까지 마냥 잘 풀려서는 긴장이 생기질 않는다. 당연히 중간에 적절히 이야기적인 밀당이 필요하다. 내용 자체가 거의 당근의 연속이었으니 슬슬 채찍이 들어가면 좋은 타이밍이다. 그럼 이런 장면을 가져와 보도록 하자.

> 악녀 A라고 해서 가만히 있었을 리는 없다. A는 자신과 친한 다른 영애들에게 여주의 욕을 하며 자신을 깔보았다고 이야기한다. 화가 난 A의 친구들은 본때를 보여주자며 여주를 연회에 초대하기로 한다. 단체로 함정을 파는 것이다. 그럼 1차전에서는 잘 풀렸다가, 2차전에서는 다시 새로운 긴장감이 도사리기 시작한다. 물론 2차전에서 여주가 꼭 질 필요는 없다. 그저 질 수도 있는 위험한 분위기를 조성해주는 것만으로 충분하기 때문이다.

새로운 긴장감을 주기 위해서라면 다른 위험 요소를 추가해주는 방법도 있을 것이다. 기껏 잘하고 있는데 가족들이 여주를 훼방 놓거나, 오히려 정치적 입장을 생각해 상대방의 편을 들며 여주를 면박 주는 일도 있을 수 있다. 이 경우 훌륭한 채찍의 역할을 해 주게 되면서 독자들의 감정을 들었다 놨다 할 수가 있다. 물론 채찍 역시 계속 연속되어서 좋을 것은 없으므로, 채찍을 좀 휘둘렀다 싶으면 또 바로 다음 당근을 준비하도록 하자.

룰 3. 목적이 없는 장면은 쓰지 말자

이 경우는 초보자일수록 자주 저지르는 실수인데, 그냥 '흐름상 이런 이야기가 와야 해서' 라는 이유로 장면을 일일이 쓰는 경우를 말한다. 이렇게 되는 이유는 '어디까지 이야기를 보여주고 말아야 하는지'가 헷갈리기 때문이다. 이것을 판단하려면 쓰려는 장면에 목적이 있는지 없는지를 보면 된다.

예시로 3년 만에 집으로 돌아가는 남주의 상황을 서술한다고 해보자. 그는 3년 동안 외국에 있었고 한국으로 돌아오면 옆집에 살고 있던 여주와 다시 만날지도 모르는 상황이다. 그녀가 이사를 갔는지 안 갔는지는 모르지만 어쩔 수 없이 떠밀려 외국으로 오면서 헤어지게 된, 그런 상황이었다고 해보겠다.

그럼 독자들이 이 흐름에서 보고 싶은 것은 '빨리 남주 좀 집에 보내 봐! 어떻게 된 건데? 여주는 아직도 거기 살아? 둘이 재회하면 어떻게 되지?' 이렇게 된다. 한데 이걸 그냥 이야기적인 흐름으로만 접근해서 장면을 배치하게 되면 이런 식이 될 수 있다.

> 남주가 외국을 떠나기 위해 비행기를 예매하는 장면, 비행기를 타는 장면, 공항에 도착해서 리무진이나 택시를 타는 장면, 동네에 도착해서 3년 만에 달라진 풍경을 실감하는 장면, 동네 아주머니와 오랜만에 인사하는 장면, 드디어 가족들과 만나는 장면.

이렇게 되면 독자들은 화가 날 것이다. 왜냐면 남주가 얼른 여주와 재회하거나, 하다 못해 계속 옆집에 사는지라도 알고 싶은데 정작 보고 싶은 이야기는 보여주질 않으니까.

이런 경우 스토리의 흐름대로 너무 자세히 보여주기보다는 얼른 여주와 다시 재회하거나, 혹은 여주의 상황을 알아보는 장면을 가져오는 것이 좋다. 그리고 목적이 없는 과정은 가급적 줄이는 것이다.

이런 부분은 가급적 길게 쓰지 않도록 하자. 목적 없는 장면은 이야기를 늘어지게 하고 독자의 흥미를 떨어트리게 하는 역할을 한다.

룰 4. 내가 독자라면 다음에 뭘 장면이 보고 싶을지 생각해보자

위의 내용과 어느 정도 이어지는 이야기이기도 한데, 글을 쓰면서 내내 쥐고 있어야 할 중요한 포인트 중의 하나이다. 흔히 웹툰 댓글 등에서 그런 의견들을 보았을 것이다. '작가님은 좋겠다, 다음 내용 알고 있어서.' 하는 댓글들. 바로 그 다음 이야기를 알고 있는 것이 나인 것이다. 작가는 작가이기 이전에 내 작품의 1호 독자이기도 하다.

그렇다면, 내가 내 작품의 독자로서 이야기를 볼 때 다음 장면이 뭐가 오면 좋을지를 생각해 볼 필요가 있다. 예를 들어 A라는 장면을 쓴 상태에서 다음 장면을 뭘 쓸지를 고민하고 있다고 해보자. 이야기 흐름상 대략적으로 다음 장면으로 오면 좋을 후보들이 몇 있을 것이다. 서브남이 등장할 수도 있고, 여주의 일 이야기가 나올 수도 있으며, 악역이 나올 수도, 조연들의 소문 실어나르기 장면일 수도 있다. 혹은 흔히 독자들이 가장 좋아하고 반기는 남주와의 로맨틱한 이벤트일 수도 있다.

뭐가 됐든 좋다. 중요한 건, 내가 독자로서 A장면 다음 장면을 봤을 때 그 장면이 보고 싶은 장면인가? 하는 것이다. 예를 들어 보자.

> A라는 장면이 회사에서 일 잘하고 걸크러쉬 뿜뿜하는 여주를 보여주는 장면이라고 해보겠다. 그리고 이야기 흐름상 대표 이사(남주)에게 직접 보고해야 하는 회의가 예정되어 있다고 하면 어떨까? 여기서 독자들이 기대하는 것은 '그래서 남주는 반응이 어떨까?' '여주가 일을 얼마나 멋지게 해낼까?' '둘이 어떻게 엮이게 될까?' 이것이다.
>
> 그런데 다음 장면에 친구를 데려와 여주와 술 한잔하는 상황을 보여준다고 해보자. 그러면서 회사 일이 어떻게 풀려 가고 있는지 얘기하며 쉽지 않다, 이렇게 수다를 떨고 친구와 헤어진 친구 남친에 대해 함께 욕을 해준다면? 이 장면 자체에는 아무런 문제가 없다. 그러나 독자들의 마음은 '아니, 그래서 남주한테 보고 언제 하는데? 왜 쓸데없는 얘기를 하고 있지?' 이렇게 된다. 독자들이 보고 싶어 하지 않는 장면 배치인 것이다.

생각보다 판단하기가 어렵지는 않다. 위에서도 말했듯 내가 내 작품의 1호 독자이기 때문에 다음에 오는 장면이 '내가 봐도 재미있을지'를 생각하면 된다. 내 취향이 시장성과 하늘과 땅만큼 차이가 있는 그런 경우가 아니라면 웬만큼은 맞아떨어질 것이다.

여기까지, 장면 배치를 할 때 필요한 4개의 규칙을 정리해 보았다. 이것만 지켜도 보통 이상으로 흐름을 뽑아 낼 수 있을 것이다. 실제 글을 쓸 때 한 가지도 잊지 말고, 명제만이라도 정리해서 꼭, 꼭, 꼭 가지고 가도록 하자.

이것만은 피하자!
독자들이 싫어하는 전개

1) 고구마 고구마!

장면을 배치할 때 지켜 줘야 할 룰이 4개 있었다면, 반대로 이것만 잘 피해 가도 본전은 건진다고 할 만한 '극불호'의 장면 배치가 있다. 첫 번째는 바로 누구든 흔하게 들어 봤을 '고구마 구간'이다.

이 고구마 구간에는 함정이 있다. 잘 쓰면 이야기를 쫄깃하게 만드는 역할을 하지만, 잘못 쓰면 독자들이 우수수 떨어져 나가게 하는 역할을 한다는 것. 그러나 모두가 알듯이 고구마 구간이 아예 없는 작품은 있기 어렵다. 연애에도 밀고 당기기가 있듯, 소설에도 완급이 있어 줘야 하니까. 그렇다면 그 고구마 구간을 어떻게 살리고 활용하느냐가 작품의 승패에 큰 영향을 끼친다고 할 수 있다. 포인트는 고구마 구간에서 독자들이 이탈하지 않게 하는 것. 그럼 어떤 방법이 있을까?

정답은 '고구마 구간을 버틸 수 있을 만큼의 당근을 예고하는 것'이다. 즉, 고구마를 참아 낼 수 있을 만큼의 당근을 미리, 혹은 중간중간 흔들어 주는 것이다. 설명만으로는 잘 이해가 가지 않을 것이다. 역시 예시를 보자.

> **예시 : 로판 배경, 이복 언니에게 약혼자를 빼앗긴 여주의 등장**
>
> 충격을 받은 여주는 앓아누웠다가, 결국 약혼자의 마음이 완전히 돌아섰다는 것을 인정하고 받아들인다. 한참을 울고 정신을 차린 그녀는 이복 언니와 약혼자에게 복수하기로 결심한다. 우선 그 둘이 손을 잡고 벌이는 사업을 훼방 놓기로 한다.

이렇게 그대로 장면 배치가 되면 어떻게 될까? 이미 고구마 기간이 너무 길다. 약혼자를 빼앗기고, 구구절절 충격받고 상처 입은 여주를 보여주고, 그 와중에 이복 언니는 의기양양하게 굴고. 이후에 약혼자가 돌아섰다는 걸 인정하기까지 또 한동안 슬퍼하는 여주가 나올 것이다. 그러고 나서야 복수를 해야겠다는 생각을 하기에 이른다.

사이다 한 모금이 없다. 이것이 바로 흔히 말하는 대책 없는 고구마 구간이다. 그럼 이것을 어떻게 살릴 수 있을까? 당근을 적절히 활용해야 한다고 이야기했었다. 그럼 이번엔 좋은 예시를 보자.

> 우선 이야기를 위처럼 흐름대로 가져올 게 아니라, 조금 바꿔 주도록 하겠다. 먼저 여주가 사업을 방해하기 위해 준비하는 모습을 제일 앞으로 가져오자. 그러면서 그녀가 무엇을, 왜 꾸미고 있는지 간략하게 설명을 풀어 준다. 이어서 회상 씬으로 이복 언니에게 뒤통수를 맞던 그 장면을 가져오는 것이다. 그리고 이후 절절하게 고생하며 무너져 가던 과정까지.

이렇게 하면 말 그대로 순서만 바꿔 주었을 뿐이지만, 맨 앞에서 이야기한 '여주가 복수를 위해 움직이기 시작함'이 당근 역할을 하기 때문에, 독자들은 고구마 구간이 이어지더라도 여주가 결국 복수할 것임을, 사이다가 곧 퍼부어질 것임을 믿고 고구마 구간을 버티게 된다. 이 경우엔 오히려 독자들에게 고구마에 맘 놓고 이입하게 만드는 효과를 가져올 수도 있다. 왜냐면 이미 당근이 보장되어 있기 때문이다.

혹은 중간중간 현재와 과거를 오가면서 복수가 진척되고 있음을 보여줬다가, 과거에 어떤 과정으로 무너졌었는지를 단계별로 강조해서 보여주다가, 또 그로 인해 더 철저히 준비하는 현재를 보여 줬다가. 하는 식으로도 이어 나갈 수 있다. 고구마 구간이 생각보다 너무 길거나 셀 거라고 여겨지면 이런 식으로 풀어 주는 방법도 있는 것이다.

이처럼 <mark>장면의 순서, 배치를 바꿔 주는 것만으로도 독자들을 훨씬 쉽게 이야기로 끌어들일 수도, 이탈을 막을 수도 있다.</mark> 장면이 배치로 이루어진다고 한 이야기의 핵심은 이런 것이다. 똑같은 이야기여도 어떤 순서로 보여주느냐에 따라 전혀 다르게 다가갈 수 있다는 것. 먼저 이야기했던 4개의 규칙 중 '당근과 채찍을 번갈아서 쓰라'는 것과 크게 다르지 않다. 고구마(채찍)가 계속되는 것에는 적당히 당근도 써 줘야 한다는 이야기니까. 핵심은 독자들이 싫어하고 스트레스 받을 만한 내용만 계속 이어 가면 안 된다는 것에 있다.

2) 실종자를 찾습니다. 특징 : 남주

그럼 이어서 독자들이 싫어하는 두 번째 전개를 보자. 아마 제목만으로 바로 감이 잡힐 것이다. 바로, 로맨스가 실종된 상태가 이어지는 것.

이건 '독자들이 로맨스를 왜 보는가?' 여기서 시작한 질문과 일맥상통한다. 로맨스를 보는 이유는 두 사람의 관계가 변화하는 걸 보고 싶어서라고 했었다. 그렇다는 얘기는 <mark>남주 여주 둘이 나오는 장면을 보고 싶어 한다는 건데, 스토리를 진행하는 것에 집중하다 보면 남주를 잊어버리고 쓰는 경우</mark>가 있다. 그런 내용이 2~3화 정도만 이어져도 흔히 이런 댓글을 발견할 수 있다. '실종자를 찾습니다, 특징: 남주. 키 : 185, XX화 이후 등장 없음' 같은 댓글 말이다.

스토리에 밀려 한동안 보이지 않아도 문제가 없는 것은 어디까지나 비중 없는 조연들이다. 남주나 여주가 계속해서 나오지 않거나 둘의 관계가 진척되는 뭔가가 보이지 않는다면 독자들은 쉽게 지루함을 느끼게 된다. 물론 로맨스보다 여주의 성장, 가족의 애정 등에 포커스가 맞춰진 작품이라면 어느 정도 로맨스를 대체할 요소가 있겠으나, 여기서도 핵심은 같다. 바로 '독자들이 작품을 보는 이유가 계속 안 나오면 화를 낸다'는 것. 그리고 그 '보고 싶은' 부분은 대부분 로맨스가 차지하고 있다는 것.

그러므로 남주가 아닌 주변 인물들에게 너무 많은 지분을 주거나, 사건적으로만 이야기를 계속 풀어 나가거나, 중요한 부분이라고 쓰다 보니 남주가 너무 오래 안 나온다거나 하는 일이 없게끔 조심하도록 하자.

시선을 사로잡는 대사의 비밀

1) 대사는 어떻게 뽑아야 하는가

웹소설에서 가장 중요한 것은 단연코 대사이다. 네웹소의 경우 캐릭터 얼굴을 켜고 끄는 것으로 마치 만화나 시나리오처럼 연출되는 것을 확인할 수 있고, 그게 아니더라도 웹소설의 기본 속성이 핸드폰으로 보는 가벼운 이야기에 맞춰져 있는 한 기본적으로 대사 위주의 글이라는 것은 결코 무시할 수 없는 부분이다.

물론 글에는 스타일이라는 것이 있어서 비교적 서술과 묘사를 많이 하거나, 인물의 독백과 심리를 디테일하게 쓰는 경향의 작품도 종종 있기는 하다. 그런 작품들이 주로 몰리는 시장은 연재 시장보다는 단권 시장이라는 이야기도 했다. 그럼에도 불구하고, 소설의 생명은 대사가 맞다.

그럼 이 대사를 대체 어떻게 써야 잘 쓸 수 있을까?

가장 흔한 고민인 '대사에 영혼이 없다'는 인물 설정에 대해 이야기할 때 설명했으므로 제외하도록 하자. 그럼 다음으로 중요한 건 '장면에서 어떤 부분을 대사로 하고 서술로 할지'를 결정하는 것이다.

이 또한 '목적이 없는 것, 독자가 싫어하는 것은 쓰지 말라'는 법칙 안에 답이 있다. 바로 해당 장면의 목적에 맞춰 대사를 쓰는 것이다. 그리고 장르소설 독자의 특성상 서술이 길어지는 것을 싫어하는 경향이 있으므로, 서술을 과하게 길게 쓰지 않는 것. 이 두 가지가 핵심 포인트라고 볼 수 있다. 별것 없다고 느낄지 모르지만 의외로 실행에 옮길 때는 그리 간단하지만은 않다.

예시를 보자. 이번엔 모처럼 BL을 예시로 들어 보겠다.
BL에서 종종 쓰이는 가이드물을 가져와 보자.

> **예시 : 가이드물**
>
> 초능력자인 에스퍼(공)가 있고, 그 능력을 발휘할 수 있게 도와주는 가이드(수)가 있다. 보통 공은 굉장히 등급이 높은 초능력자로 나오고, 자신과 급이 맞는 가이드를 찾기가 어려워 고생하는 경우가 많다. 초능력을 쓰기 위해서는 가이드란 존재가 반드시 필요하기 때문이다. 또한 설정값에서 보통 에스퍼는 자신에게 맞는 가이드를 보았을 때 높은 확률로 운명적인 무언가를 느끼게 된다. 접촉이라도 한다면 더욱 당연하고, 눈으로 보거나 희미한 흔적만 접해도 그런 것을 느끼는 경우가 종종 있다.
>
> 예시의 공도 마찬가지로 가이드를 찾지 못해 약으로 능력을 억제하고 있었다고 해보자. 그런 공의 취미는 시간이 날 때 미술관 관람을 하는 것이다. 한데 이번에 가려고 벼르던 좋아하는 작가의 전시회 근처에 괴수가 출현하여 갤러리 부근이 엉망이 되어 버렸다. 분노한 공은 괴수를 해결하지만 갤러리는 전시를 중지하기로 한다. 그러나 공은 괴수를 해결한 덕으로 특별히 주최 측에서 관람 기회를 얻게 된다. 건물로 들어서는 도중 누군가 떨어뜨린 팸플릿을 주워 주게 된 공. 손이 언뜻 마주치는 순간, 공은 기묘한 느낌을 받는다. 뒤늦게 돌아서 상대를 붙들려 하지만 이미 사라진 상태. 전시나 보자, 하고 집중을 돌려 보지만 그림을 보면 볼수록 이상하게 아까의 그 느낌이 계속 떠오른다.

> 마지막으로 전시 관람을 마친 공이 묘한 아쉬움을 가지며 갤러리는 나서려는 순간, 마침 작가가 작품이 무사한지 확인하러 와 있다는 이야기를 듣게 된다. 좋은 기회다 싶어 사인을 받으러 가는데, 안내받은 자리에는 아까의 그 사람이 있었다.

자, 문제가 나왔다. 여기까지 읽었다면 자연스럽게 알 수 있을 것이다. 지금 여기까지 읽은 여러분은 중요한 부분에서 글이 끊겼다는 느낌을 지울 수 없을 것이다. 바로 거기에 정답이 있다. 바로 여기부터가, 대사에 집중해야 하는 부분이다.

이 장면은 원래부터 두 사람의 첫 만남을 보여주는 것에 목적이 있다. 그리고 공이 이미 묘한 기운을 감지했다는 것까지 힌트를 준 상태다. 그럼 자연스레 독자들의 기대는, '엇, 아까 그 사람이 공이 좋아하는 작가였구나! 게다가 가이드일 거 같은데? 과연 뭐라고 말을 걸까?' '상대방은 어떻게 반응할까? 궁금하다!' 이렇게 된다.

이 부분에 포인트가 있는 것이다. 이 부분을 대사화하면 된다.

그 외에 각자가 느끼는 감정이나 속내를 서술이나 생각으로 풀어 줘도, 부분적으로 대사화를 시켜줘도, 또는 혼잣말로 돌려 줘도 좋다. 중요한 건 독자에게 장면의 목적에 맞춰, '둘은 서로에게 이런 첫인상을 느꼈어. 이후에는 이런저런 방향으로 가게 될 거야.' 하는 것을 보여주는 것이다. 그럼 대사를 잘 쓰는 기본적인 원칙은 나왔다.

< 좋은 대사의 원칙 >

1. 인물 설정에서부터 탄탄하게 이미지를 잡는다
2. 장면의 목적에 맞춰 가장 중요한 부분을 대사로 쓴다

초반일수록 인물은 아직 어설프게 이미지만 잡혀 있는 경우가 많기 때문에 생각보다 심도 깊은 대사가 쉽게 안 나올 수도 있다. 이는 자연스러운 현상이니 겁먹지 말도록 하자. 어차피 인물은 써 가면서 구체적으로 변한다. 대사도 쓰면 쓸수록, 인물에게 벌어지는 여러 사건과 변화에 따라 점점 더 입체적인 인물이 된다. 분위기가 바뀌지 않게 잘 잡고만 가도 선방은 한 것이다.

2) 그 외의 활용법

그 외의 경우에는 정보성 대사, 분위기 환기용(?) 대사도 있다. 정보를 일일이 서술로 전달하는 것이 너무 지루하게 느껴질 것 같은 상황, 그리고 서술이 좀 길어지는 상황일 때는 적절히 영혼 없는 대사나 혼잣말로 상황을 타개할 수 있다. 물론 영혼이 없다고 해서 인물을 한순간에 국어책 철수 영희로 만드는 평면적인 대사를 쓰라는 뜻은 아니다. 비교적 감정선이 거의 없는 담백한 대사를 활용하면 된다는 뜻이다.

회사 일이라거나 다소 전문적인 지식 같은 것들은 꼭 대사가 들어가야 하는 순간이 아니더라도 적절히 대사화해서 늘어져 보이는 것을 막도록 하자.

Stella

로맨스 웹소설 현직 편집자의 코치

대사를 쓸 때 의외로 자주 하는 실수들이 있다.

<카페 안>
인물 : 대사

이런 식으로 시나리오 같은 방식을 쓰는 것이다. 그러나 웹소설을 연재 혹은 투고하여 출판사와 계약하는 것이 목적이라면 이런 실수는 정말 위험하다. 수백 수천 작품을 봐왔을 업계 경력자들의 눈에는 단번에 '웹소설과 친하지 않군.' 하는 게 보이기 때문이다. 그럼 면접으로 쳤을 때 예선부터 불합격되는 불상사가 생길 수 있다.

기왕 남들에게 읽히고 돈도 벌려고 쓰는 내 작품, 이런 사소한 실수로 안타깝게 커트라인에서 떨어지는 일은 없도록 주의하자. 흔히 하는 실수들은 예시들을 여럿 묶어서 제 6장 '이렇게 쓰면 계약 실패! 규칙 지키기(212p)'에서 한 번 더 정리해 두었다. 혹시 나한테 해당되는 부분이 없는지 확인, 또 확인해보자.

> 웹소설의 기본 속성이 핸드폰으로 보는 가벼운 이야기에 맞춰져 있는 한
> 기본적으로 대사 위주의 글이라는 것은
> 결코 무시할 수 없는 부분이다.
> '목적이 없는 것, 독자가 싫어하는 것은 쓰지 말라'는 법칙 안에 답이 있다.
> 바로 해당 장면의 목적에 맞춰 대사를 쓰는 것이다.

찰떡 같은 서술과 묘사

1) 서술, 묘사의 기본

그럼 다음으로는 서술이라는 문제가 남아 있다. 웹소설에서는 순수문학 혹은 에세이처럼 구체적으로 하나하나 나눠서 분석하지 않기 때문에 대사 외에는 그냥 다 서술이라 봐도 무방하다. 서술은 무엇인가? 설명이나 묘사다. 인물의 내면을 설명할 수도 있고, 인물이 느끼는 것에 대해 묘사할 수도 있고, 풍경이나 맛 따위를 묘사할 수도 있다.

이 서술, 묘사에 대해서는 나름대로 명확한 기본이라는 게 있다. 보통 필력이라는 것은 주로 이 부분을 뜻하는데, 얼마나 잘 와닿게 표현하느냐, 설명하느냐의 문제일 것이다. 하지만 풍부한 감성과 묘사보다 중요한 것이 있다. 바로, 글의 본질은 전달이라는 것. '뜻하는 바가 무엇인지 명확하게 이해시키는 것'이 가장 중요하다.

중요하니까 두 번 말한다. 무슨 뜻인지 독자가 정확히 알게 이야기하는 것. 이게 가장 기본이다. 의외로 이 기본을 못 지키는 경우가 굉장히 많다. 그런 상태에서 여러 단어를 끼얹어 보고 어떻게 하면 멋지게 풍부하게 흔하지 않아 보이게 표현할까 고민해서는 오히려 글이 점점 더 산으로 갈 뿐이다. 문장 자체가 깔끔하고 간결하지 않은데 줄마다 한 칸씩 띈다고 가독성이 좋아지지 않는 것도 마찬가지 문제다.

그럼 다시 처음으로 돌아오게 된다. 대체 깔끔하고 전달력 좋은 문장이란 무엇일까? 이것에 대해서는 명확하게 정리할 수 있다.

> **< 좋은 문장의 원칙 >**
>
> 1. 너무 길지 않을 것
> 2. 문장의 앞뒤가 맞을 것
> 3. 누가 말하고 행동하는 건지 명확하게 보일 것

이 세 가지만 지켜도 기본은 한다. 의외로 이 세 가지를 못 지키는 경우가 굉장히 많다.

> **문장의 안 좋은 예**
> 1. 그녀는 그를 향한 마음이 점점 커져 간다는 걸 인정하기로 했고 연락을 해서 오늘 점심에 만나기로 했는데 하루 종일 답장이 없었다.
> 2. 이유가 뭐냐면 지금 당장 해야 할 일이 너무 많고 어떻게 처리할까 고민만 하다가 하루가 다 갔다.
> 3. 그녀는 그 말을 듣더니 고개를 내저었다. 손을 뻗어 잡는다. 선뜩한 온도가 와닿았다.

굉장히 흔하게 볼 수 있는 케이스들이다.
세 문장은 모두 잘못되었다. 뭐가 문제일까?

먼저 1번은, 문장을 따라가느라 숨이 차다. 한 세 문장에 걸쳐서 일어나야 할 일이 한 문장 안에서 모두 일어나고 있다. 심지어 문장 하나에 며칠이 압축되어 있는지 알 수 없을 지경이다. 단순히 한 달 후 A가 B했다.

같은 시간의 경과 목적도 아니다. 그냥 끊어야 할 문장을 끊지 않은 것일 뿐.

문장의 온점은 문단의 엔터 같은 기능을 한다. 즉, 살짝 호흡을 쉬어 가는 의미라는 뜻이다. 그럼 어느 정도 흐름을 끊어줘야 할 때는 문장을 끊고 갈 필요가 있다. 이게 감으로 잘 이해가 가지 않는다면 아주 단순하게 기억하도록 하자.

문장의 생략된 주어 등을 포함해, 세 문장 이상이 합쳐진 느낌이라면 자르도록 하자.

> **문장의 좋은 예**
> 1. 그녀는 그를 향한 마음이 점점 커져 간다는 걸 인정하기로 했다. 연락을 해서 오늘 점심에 만나기로 했다. 그런데 하루 종일 답장이 없었다.

이렇게 끊어 주면 한층 간결해진다. 자연스레 시간의 경과와 사고의 흐름도 느껴진다. 한 문장 안에서 많은 내용을 이해하느라 숨 넘어갈 일도 없다. 기억하자, 문장 3개쯤 연속되는 느낌이면 중간에 끊어줄 것!

2번은 뭐가 문제인 것 같은가? 답은 간단하다. 문장의 앞뒤가 맞지 않는다. '이유가 뭐냐면'으로 시작했으니 'B이다'라고 명사로 받아야 앞뒤가 맞는다. 근데 의식의 흐름을 따라 글을 쓰다 보니 자연스레 처음은 까먹고 뒤쪽에 맞춰서 끝내고 말았다. 아주 흔하게 일어나는 일이다. 프로 작가들조차도 종종 하는 실수이다.

이것을 막으려면, 역시 간단하다. 문장을 중간에 끊어주면 된다. 왜냐면 보통 앞뒤가 안 맞고 어색해지는 이유는 대부분 문장을 길게 쓰다가 진짜 주어를 까먹기 때문이니까.

> **문장의 좋은 예**
>
> 2. 이유가 뭐냐면 지금 당장 해야 할 일이 너무 많았기 때문이다. 어떻게 처리할까 고민만 하다가 하루가 다 갔다.

한결 자연스럽지 않은가? 한 번 끊어줬을 뿐인데. 물론, '난 필력 쩔고 문장 엄청 잘 써! 자신 있음!' 하는 사람은 당연히 그 필력을 가감 없이 펼쳐 보이면 된다. 그러나 자신이 없고 실제로 종종 하는 실수라면, 가급적 의식적으로라도 중간중간 끊어 주기로 하자.

그럼 마지막으로 3번을 보자. 3번은 누가 손을 뻗었다는 것이며 누구 온도가 차갑다는 건지 당최 이해할 수가 없다. 이런 실수도 굉장히 많이 하는데, 주로 관계 타입에게서 종종 보인다.
A의 감정선을 따라갔다가 그 시야가 자연스레 B의 내면으로 전환되었는데, 중간에 주체가 바뀌었음을 짚어 주지 않고 그냥 의식이 흘러간 대로 써 버리면 독자는 ??? 상태가 된다.

> **문장의 좋은 예**
>
> 3. 그녀는 그 말을 듣더니 고개를 내저었다. 손을 뻗어 가는 손목을 잡는다. 선뜩한 그녀의 온도가 와닿았다.

주체가 누군지 밝혀야 한다는 것은 반드시 내가, A가, 그녀의, 그의, 하고 일일이 설명해야만 한다는 것은 아니다. 이런 식으로도 얼마든지 암시가 가능하다. 가는 손목, 하면 보통 여자일 거라고 이해하게 되는 것을 이용한 것이다.
그러나 어렵다면, 웬만해서는 주체를 의식적으로 짚어 주도록 하자. 물론 이 경우 문장이 너무 국어책처럼 촌스럽게 보일 수도 있겠다. 그러나 보통은 약간 촌스럽더라도 정확하게 읽히는 것이, 깔끔해 보이지만 무슨 소린지 모르겠는 것보다 낫다. 훨씬.

그러니 스스로 이런 실수를 자주 하는 편이라면, 우선 기본을 지키는 것을 먼저 연습하도록 하자. 멋들어진 묘사는 그 이후에 해도 늦지 않다.

Stella

로맨스 웹소설 현직 편집자의 코치

흔히 하는 실수들을 정리해 둔 것일 뿐 무조건 이대로 다 따라야 하는 건 아니다. 글은 자연스럽게 내 손에 감기는 대로 쓰는 게 가장 중요하니 여기에 맞추겠다고 너무 스트레스받을 필요는 없다. 다만 중요한 건, 자신이 쓴 글을 봤을 때 이런 문제가 종종 있다고 느껴진다면, 조금은 의식해서 쓸 필요가 있다는 것이다. 물론 어쩌다 한 번 그러는 경우라면 너무 신경 쓰지 말고 자연스럽게, 편하게 쓰는 것을 우선으로 하길 권한다. 이후에 훑어보면서 수정해도 늦지 않으니까.

2) 살아 숨쉬는 필력을 키우고 싶다면

물론 흔히 필력이라 부르는 표현력, 묘사력, 비유력 등도 중요하다. 당연히 있으면 좋다. 그럼 위에 말한 기본을 지킨다는 전제로 그 이상의 입체적인 문장력은 어떻게 하면 키울 수 있을까?

이건 아주 명확하게 이야기할 수 있다. 연습이다. 좋은 문장은, 써보면 써볼수록 가다듬어진다. 따라서 일기든 에세이든 꾸준하게 문장을 연습해 온 이들이 글을 더 잘 쓴다. 너무나 간단한 이야기다.

그러나 이건 마치 서울대생이 '국영수 교과서 위주로 공부했어요.' 하는 것과 크게 다를 바 없이 들린다. 정석이라고는 해도 역시 요령이라는 게 있을 것이다. 어떻게 하면 될까? 저자가 권하는 방법은 바로 이것이다.

< 필력을 키우는 연습 >

1. 설명하고자 하는 대상을 최대한 자세하게 설명해본다.
2. 오감을 더해본다.
3. 특정 장면에 그 대상을 가져와 본다. 그래서 장면의 분위기나 감정 흐름 등에 맞춰 다시 묘사를 가다듬는다.

예시

1. 비가 엄청나게 퍼붓는다. 하늘이 보이지 않을 정도다. 땅이 파이고 흙모래가 튄다.

2. (오감) 비가 지붕을 부술 것처럼 두두두 울리며 내린다. 춥고 눅눅하다.

3. (시골집에서 할머니를 기다리는 중) 비가 지붕을 부술 것처럼 두두두 내리자 조금씩 초조함이 커져 갔다. 할머니는 잘 오고 계실까?

비 온다. 하고 짧게 끝낼 것을 최대한 자세히 설명해 보았다. 설명하는 만큼 구체적인 장면이 된다는 게 느껴지는가? 여기에 오감을 더함으로써 비가 내린다는 것이 감각적으로 와닿고, 거기에 상황과 감정까지 덧입히니 장면이 살아난다는 게 느껴질 것이다. 이것이 표현, 묘사의 기본이다.

이 세 가지를 한꺼번에 해결할 수 있는 연습 방법이 있다. 바로 일상 생활에서도 표현을 짧게 하지 말고 구체적으로 설명하는 버릇을 들이는 것이다.

이를테면 초콜릿을 먹었는데 달다! 맛있어! 하고 끝내지 말라는 것이다. 마치 내가 이 초콜릿 판매 사원이라도 된 듯한 느낌으로, 혹은 소개 페이지를 쓴다는 느낌으로 어떻게 하면 내가 느낀 맛에 대해 잘 전달할 수 있을지 고민해보는 것이다.

우리는 기분에 대해 단순히, '몰라, 짜증 나.'라거나 '아, 기분 더럽네.' 하는 식으로 표현하곤 하지만 이 '짜증 난다'는 말의 스펙트럼은 엄청나게 넓다. 기분 더럽다는 것도 마찬가지다. 단순히 더러운 것일 수 있고, 우울한 것일 수도 있고, 불쾌한 것일 수도 있다. 혹은 찝찝한 것일 수도 있는 것이다. 그럼 음식의 간을 맞추듯 20%의 불쾌함, 30%의 찝찝함, 50%의 분노, 이렇게 뜯어볼 수도 있는 것이다.

==자신이 느끼는 것에 대해 자세히 설명해보는 연습을 하는 것==. 이것이 문장력, 나아가 필력을 높이는 단순하고도 효과적인, 결코 배신하지 않는 방법이다.

글은 쓰면 쓸수록 는다. 이러니저러니 해도 아무도 보지 않는 일기를 정성들여 쓰는 것보단 어차피 웹소설 작가 할 거, 습작이라 생각하고 소설을 쓰면 좋을 것이다. 완결만 내면 어쨌거나 큰 경험치가 되고, 나아가 판매도 가능해지니까.

==소설이란 분류 때문에 완벽하게 써야 한다고 생각하지 말자.== 특히 관계 타입의 경우 완벽주의 성향인 경우가 많아서 제대로 시도를 못 해보거나, 컨셉 타입의 경우 너무 이것저것 많이 쏟아부었다가 수습 안 돼서 지쳐 나가떨어지거나 하는 경우들이 있는데, 중요하니까 또 말하겠다. 첫 작품은 어렵지 않게, 심플하게, 너무 길지 않은 이야기 구조로! 그리고 완결을 목표로 하자.

내공을 쌓는 연습 단계라 생각하고 접근하는 것이다. 첫술부터 너무 기대가 크면 탈이 나는 법이니까. 덕업일치의 길을 걷고 있으니 너무 서두르지 않아도 괜찮다.

"

오감을 더함으로써 비가 내린다는 것이 감각적으로 와닿고,
거기에 상황과 감정까지 덧입히니 장면이 살아난다는 게 느껴질 것이다.
이것이 표현, 묘사의 기본이다.

"

지뢰 찾기! 흔히 하는 실수들

누구나 빠지는 함정들

정말 많이 하는 헤매는 경우들을 따로 정리해 보았다. 이것은 문장 하나를 어떻게 쓸 것인가의 문제라기보다, 총체적으로 글을 어떻게 쓸 것인가의 문제에 가깝다. 하나도 해당하는 것이 없다고 말하기는 쉽지 않을 것이다. 프로 작가들에게서도 종종 보이는 부분이기 때문이다. 그러니 방심하지 말자. 완벽한 글이란 없다. 다듬어지는 과정의 '재미있는' 글이 있을 뿐!

1. 멋지게, 있어 보이게 쓰려고 너무 애쓰는 경우

글에 너무 힘을 주려고 하는 케이스다. 이전에도 이야기했듯 소설이라는 특성상 필력적인 부분은 확실히 존재한다. 이 때문에 멋들어진 필력의 작품들을 좋아했던 독자라면, 내가 쓰는 작품도 그렇게 쓰고 싶어 한다. 그러나 아뿔싸, 실제로 글을 써 보니 생각만큼 멋지게 나오지 않는다. 하지만 쉽게 포기가 되지 않는다.

이러면 어느 순간부터 욕심을 부리게 되는데, 글에 여러 미사여구, 아름다운 비유와 은유 등을 열심히 붙이게 되는 것이다. 한 문장으로 끝낼 것을 두세 문장으로 디테일하게 설명하고, 인물 심리에 대해서 일일이 설명하게 되기도 한다.

그러나 여기엔 함정이 있다. 필력 뛰어난 작가들이라고 해서, 처음 엄마 배 속에서 나오는 순간부터 그렇게 기깔나는 글을 쓸 수 있었던 게 아니라는 사실. 물론 소설을 처음 써 봤음에도 잘 쓰는 사람이 있을 수 있다. 그러나 이 경우 높은 확률로 말을 조리 있게 잘하거나, 혹은 일기 같은 것이라도 꾸준히 써 왔거나, 하다 못해 좋은 문장력의 책을 상당히 많이 읽었을 것이다. 요는 어떤 방면으로든 내공이 쌓여 있기 때문에 그것이 글에 반영이 되는 거란 의미다. 그러나 그런 종류의 준비가 전혀 되어 있지 않은 상태에서 무턱대고 필력 좋아 보이는 글을 쓰려고 하면 독자들부터가 귀신같이 알아챈다. 그리고 대부분 '이 작가 필력이 뛰어나구나!' 하고 생각하기보다는 '글에 멋을 부리려고 애를 쓰는구나.' 하고 느낄 확률이 훨씬, 훨씬 높다. 바로 본인도 독자로서 읽을 때 그랬듯이.

그러니 기억하도록 하자. 필력에 자신 있다면 얼마든지 써도 좋다. 그러나 그렇지 않다면 우선 기본은 간결함, 이해하기 쉬운 문장이 첫째다. 길고 복잡한 설명과 묘사로 전체 호흡을 떨어뜨리지 않도록 주의하는 것 역시 중요함은 물론이다.

2. 어디부터 어디까지 이야기하고 말아야 할지 감을 잡지 못하는 경우

(TMI 또는 그 반대)

아직 어설픈 초보부터 꽤 실력파인 경우에도 종종 보인다. 너무 투머치로 설명을 하거나, 반대로 너무 스무고개 하듯이 설명하는 경우다. 즉, 어디까지 독자한테 티를 내고 말아야 하는지에 대한 감이 잘 안 잡힌 경우다.

우선 약간 독특한 세계관이나 설정을 차용했다면, 혹은 극의 구조가 꽤 복잡하게 얽혀 있다면 초반부에 전반적인 설명을 한 번 일목요연하게 짚고 넘어갈 필요가 있다. 그래야 독자들이 무대가 준비된 것을 받아들이고, 그 안에서 어떤 이야기가 펼쳐질지 이해하고 따라올 수 있기 때문이다.

미국이란 단어를 처음 들은 사람을 상대로 대뜸 미국에서 살았던 이야기를 해 봐야 잘 짐작이 안 가는 것과 마찬가지다. 먼저 경험담 이야기를 하기 전에 미국이 어떤 나라이며 어떤 분위기고, 자신이 살았던 곳은 어떤 곳이었는지 등에 대해 설명이 필요하지 않겠는가? 그래야 거기서 누구랑 싸운 이야기를 하든, 연애한 이야기를 하든 상상을 할 수 있다. 그것과 같은 맥락이다.

그럼에도 불구하고 글을 쓸 때 이게 너무 감춘 건지, 반대로 너무 많이 설명하는 건지 헷갈린다면, 아주 단순 명확한 해결책이 있다. 바로 '친구한테 이 장면을 설명한다고 생각해보기'이다. 보통 시놉시스, 즉 뼈대나 플롯은 매끄럽게 잘 쓰면서도 정작 소설 본문에 들어와서는 수수께끼처럼 쓰는 경우가 종종 있는데, 그건 설명을 할 줄 몰라서가 아니라 대사와 서술을 빌어서 보여주려고 하다 보니 헷갈려서 그런 것이다.

한데 그걸 친구에게 설명한다고 생각해보면, 어떤 제반 지식을 어디까지 설명해야 하는지 감을 잡을 수 있다. 이를테면 '나 결혼해.' 하고 이야기를 던졌을 때 친구가, '왜? 갑자기? 어떤 사람인데? 얼마나 만났어?' 하고 질문하는 경우를 대입해보는 것이다. 이런 경우 거두절미하고 '그냥, 직장도 괜찮고 착해.' 이렇게 대답해 버리면 친구는 궁금증이 하나도 해결되지 않을 것이다. '아니, 어떻게 만났냐고. 어디서 만났는데?' 하고 물어보지 않겠는가. 웹소설도 마찬가지다.

혹은 반대로 친구가 묻지도 않은 그의 발 사이즈와 손가락 길이 같은 걸 설명한다면 '아니, 그런 건 됐고.'라고 할 것이다. 하나도 궁금하지 않을 테니까. 이 설명만 들어도 감이 딱 오지 않는가? 내가 상대 입장이어도 분명 비슷한 질문을 할 것이다.

우리 모두는 일상에서 말로든 글로든 늘 무언가를 설명해 왔다. 때문에, 어느 정도까지 상대에게 전달해야 하는지는 웬만해선 감으로 알고 있다. 그러니 괜히 소설이라 해서 너무 어렵게 접근하지 말고, 그냥 친구한테 이 장면을 설명한다고 생각하며 써보자. 자연스레 기준이 잡힐 것이다.

3. 모든 상황을 열심히 설명하는 경우(feat. 전문 지식, 독특한 세계관)

이전에도 이야기한 적이 있지만 독자들의 관심사는 나의 끝내주는 '독창성!'이 아니다. 당연히. 독자들은 오로지 내 남주와 여주(공, 수)가 호감가는 인물인지, 그래서 이들의 쫄깃한 밀고 당기기를 어떻게 재미있게 풀 것인지에만 관심이 있다.

남성향과 판이하게 다른 여성향만의 특성이기도 한데, 독자들의 관심 포인트가 명확하기 때문에 개연성적인, 사건적인 빈틈 정도는 몰입을 방해할 수준이 아니라면 관대하게 넘어가 준다는 것이다. 이것은 반대로 말하면 그 외의 것들에 별 관심이 없다는 뜻이기도 하다.

한데 만약 세계관을 지나치게 거창하고 독특하게 설정하게 되면, 설명문과 소설 사이에서 줄 타기를 할 수밖에 없다. 그것도 엄청 잘 해야 한다. 왜냐면 독자들에게 처음 보는 이야기의 무대를 이해시켜야 하고, 그러면서 이야기 자체도 잘 끌고 나가야 하기 때문이다. 이것이 바로 많은 작가들이 입을 모아, 너무 매니악한 세계관은 가급적 쓰지 말라고 하는 이유이다. 시장성을 떠나서 작가도 힘들고 읽는 독자도 피곤하기 때문에. 로판이 모두 비슷비슷한 세계관을 공유하는 데는 이런 이유가 있다.

혹은 여주나 남주가 매우 전문적인 직종이거나, 전문 지식이 글에 꽤 많이 들어가는 경우도 있을 것이다. 변호사, 검사 집안일 수도 있고, 회사끼리의 암투가 궁중 암투 뺨치는 수준으로 나올 수도 있다. 그러나 중요한 것은 이 경우도 결국 포커스의 문제라는 것. 어차피 독자들이 보고 싶어

하는 것은 잘난 남주, 멋진 여주, 성공하는 두 사람, 잘 사는 두 사람이기 때문에 그걸 돋보이게 해주는 연출로서의 지식만 써주면 충분하다.
물론 약간의 예외가 있는데, 여주가 잘나가는 디자이너라거나, 차 혹은 디저트 같은 여자들이 관심 있는 분야의 전문가일 경우엔 비교적 상세하게 내용을 풀어 줘도 독자들이 좋아한다는 것이다. 이 경우 독자들의 심리는, '로판이 재밌어서 읽는 건데 겸사겸사 교양도 쌓이는 기분이야!'다. 물론 방향을 잘 잡아야 한다. 그저 내 전문 분야라고 해서 정보를 쏟아붓는 것은 '안물안궁'을 낳을 뿐이니까. 그러니 과한 정보와 설명은 부디 내려놓도록 하자.

4. 시점이 오락가락해서 누가 뭘 하는지 판단이 안 되는 경우

서술할 때 누가 무슨 행동을 한 건지 헷갈리게 쓰는 케이스만 있는 것이 아니다. '시점을 헷갈려서 쓰는' 경우들이 종종 있다.
자, 정리해보자. 1인칭은 '나는, 내가'이다. 로판에서 종종 보인다. 3인칭은 '자신은, 자신이, 여주(이름)는, 여주(이름)가'로 쓰인다. 이건 통일해줄 필요가 있다. 장면이 아예 전환되거나 했다면 시점을 바꿀 수도 있겠으나, 한 장면 내에서는 가급적 바꿔서 쓰지 않는 편이 좋다. 최소한의 규칙이기 때문에 이걸 지켜 주지 않으면 독자는 무슨 이야기를 하는 건지 헷갈리기 시작한다. 물론 이미 내 실력이 어느 정도 궤도에 올라서, 시점을 넘나드는 것이 자연스럽다면 이야기는 조금 다르다. 하지만 아직 정진 중이라면, 그리고 시점이 헷갈린다는 소리를 들은 적이 있다면 조심할 필요가 있다.
보통 제일 많이 보이는 케이스는, 처음엔 3인칭으로 시작했다가 나도 모르게 어느 순간 이입해서 '나'로 써 버리는 케이스이다. 시점, 인칭에 대한 자신이 없다면 가급적 1인칭의 '나'를 선택했을 경우 무조건 '나'로 밀고 나가거나, 3인칭의 '자신', 혹은 '이름'으로 밀고 나가기를 바란다. 이런 별거 아닌 것처럼 보이는 부분들이 내공 높은 독자들 눈에는 꽤 눈에 띄기 때문에 몰입도를 떨어트리기 쉽다.

이렇게 쓰면 계약 실패! 규칙 지키기

소설의 기본 규칙

이번 내용은 글쓰기의 기본적이고 암묵적인 룰들에 대한 것이다. 기초적인 사항이지만 많은 사람들이 실수하는 것이기도 하다. 수강생들의 경우를 살펴보니 유형을 몇 가지 분류할 수 있었는데, 대부분 인풋을 덜했거나 인풋을 적당히 했어도 디테일을 주의 깊게 보지 않은 경우. 더불어 성격이 급해서 일단 쓰고 보자! 인 경우 종종 실수들을 저지른다.

별것 아닌 실수로 보일 수 있지만, 글을 쓰는 목적이 결국 출간 계약이라면 기본적인 규칙을 꼭 지키는 편이 좋다. 왜냐면 수백 작품을 봐 온 출판 관계자들의 눈에는 귀신같이 그런 디테일들이 보이기 때문이다. 그럴 경우 그들은 '이 작가는 장르소설을 별로 읽지 않았군.' 하고 판단할 가능성이 높다. 그리고 지금까지 누누이 강조한 것처럼 장르소설을 별로 읽지 않은 작가가 장르소설로 성공하기는 하늘의 별 따기다. 누구보다 그걸 잘 알고 있는 관계자들이 컨택을 할 확률도 확연히 낮아질 것이다. 그러므로 혹시나 여기 해당하는 게 있는지, 꼭 확인해 보도록 하자.

1. 시간의 경과, 장면의 전환을 나타내고 싶을 때

보통 시간이 흘러서 몇 시간 후, 며칠 후로 건너뛰고 싶거나, 장면을 전환하고 싶을 때는 별표를 쓴다.

*** 별을 세 개 붙여서 쓰고, 위아래 한 줄씩 띄어주면 된다.

> **예시 : 별표의 사용**
>
> 그로부터 한 달이 흘렀다.
>
> ***
>
> 6월. A는 슬슬 더워지는 날씨를 보며 B에게 연락하지 않은 지 꽤 시간이 지났음을 실감했다.

2. 대사는 절대 한 사람이 연속으로 하지 않는다

암묵적으로 대사 한 개=한 명의 말이라서, 다음 대사는 상대방의 말이라고 인식하게 된다. 혼자 두 번, 세 번 연속으로 대사를 하는 경우엔 꼭! 중간에 서술 한 줄, 의미 없는 상대방 대사 한 줄이라도 넣어야 한다.

> **예시 : 대사의 배치**
>
> "그래서 내가 뭐라고 했는 줄 알아?"
> "너 없으면 못 살겠다고 했어." (X)
>
> "그래서 내가 뭐라고 했는 줄 알아?"
> "……"
> "너 없으면 못 살겠다고 했어." (O)

> "그래서 내가 뭐라고 했는 줄 알아?"
>
> B가 대답하지 않자 A가 이어 말했다.
>
> "너 없으면 못 살겠다고 했어." (O)

3. 작은따옴표는 생각 / 큰따옴표는 대사에만 쓴다

시나리오처럼 쓰거나, 이모티콘 등을 쓰는 것은 좋은 방법이 아니다.

> 인물 : 대사 (X)
>
> 아빠 : 네가 나이만 먹었다고 어른이 아니야! (X)

> 아빠가 못마땅하다는 듯 말씀하셨다.
>
> "네가 나이만 먹었다고 어른이 아니야!" (O)

> "하하^^ 내가 그럴 리가 있어?" (X)
>
> "하하(씩 웃으며) 내가 그럴 리가 있어?" (X)

4. 차 소리, 경적 소리 등의 의성어, 의태어는 큰따옴표를 붙이지 않고 서술로 쓴다

> "끼이익!", "빠아앙!" (X)
>
> 끼이익! 빠아앙! (O)

5. 온점, 쉼표, 물음표 등의 기본적인 기호 활용

대사 끝엔 반드시 온점이 들어가야 하고, 뉘앙스에 따라 물음표, 느낌표, 쉼표 등을 적절히 써 줘야 한다. 이런 사소한 차이로 대사의 뉘앙스가 전혀 달라지며, 안 쓸수록 영혼 없는 대사가 되기 쉽다.

> "야 내가 그래서 너한테 말했잖아 기억 안 나냐" (X)
> "야, 내가 그래서 너한테 말했잖아. 기억 안 나냐?" (O)

6. 기호를 남용하지 않는 것

느낌표, 물음표, 말줄임표, 물결표를 남용하는 건 출판사에서 굉장히 안 좋아하는 습관들 중 하나다.

> "아... 제가 못 알아봤군요..... 실례했습니다....." (X)
> "아… 제가 못 알아봤군요. 실례했습니다." (O)

> "넌 그가 왜~ 맘에 안 들어~~" (X)
> "그냥~ 이상하게 맘이 안 가 좀 그러네~" (X)
> "하이고~~ 아무튼 너도 성격 이상해~~" (X)

> "엄마야??? 놀랐잖아요!!!!!!!" (X)
> "엄마야? 놀랐잖아요!" (O)

7. 크크크, 호호호, 흑흑흑 등 의성어를 대사에 쓰는 것

의외로 많이 하는 실수인데, 몰입도를 확 낮추는 국어책 읽기가 된다. 실제로 크크크, 하고 웃는 사람은 없다는 걸 떠올려 보면 알 수 있다.

> "크크크, 이제 내 기분이 뭔지 알겠어?" (X)
> "하핫! 이제 내 기분이 뭔지 알겠어?" (O)

> "흑흑흑… 내가 언제 그랬다고 그래?" (X)
> "으흑, 내가 언제… 그랬다고 그래?" (O)

8. 내 동년배에게만 통하는 유행어를 쓰는 것

워낙 유행이 빠른 로판에서는 약간 논외이긴 하나, 여하튼 내 시대의 특정 유행어를 쓰는 건 기본적으로 썩 좋은 선택은 아니다. 왜냐면 시간이 조금 흘렀을 때 그 단어를 모르는 사람들이 많아지기 때문. 자칫 몇몇 단어 선택 때문에 작품에 올드한 느낌을 심어 줄 수 있다. 우리의 목표는 가급적 폭넓게, 오래오래 읽히는 것이므로 유행어는 가급적 지양하도록 하자.

> "당연히 기억하지! 너 고등학교 때 일짱이었잖아. 담탱이 여전히 무섭냐?" (X)
> "당연히 기억하지! 너 고등학교 때 잘나갔었잖아. 담임은 여전히 무섭냐?" (O)

아마 웬만큼 작품들을 봤거나, 이후에 보게 된다면 이런 부분이 잘 지켜져 있다는 걸 확인할 수 있을 것이다. 무료 연재라고 해도 허투루 막 써도 된다는 생각은 금물! 무료 연재 사이트야말로, 이 바닥의 오래된 고수 독자들이 모인 곳이라는 걸 명심하자.

7장

도전! 연재 & 계약

무료 연재를 해보자

1) 연재처 소개

드디어 무료 연재를 시작할 때가 왔다. 연재처는 제 2장에서 소개한 대표적인 다섯 곳을 한 번 더 정리해보자.

카카오스테이지	https://pagestage.kakao.com (오픈 예정)
조아라	http://www.joara.com/main.html
북팔	https://novel.bookpal.co.kr
네이버 챌린지리그	https://novel.naver.com/challenge/popular.nhn
로망띠끄	http://new.toto-romance.com/main/main.asp

2021년 7월 현재 오픈 예정인 카카오 스테이지를 제외하고는, 여성향에서 가장 규모가 큰 두 곳이 조아라와 네이버 챌린지리그이다. 다만 네이버는 전연령이 기준이고 일반적인 로맨스가 대세이다 보니, 19금 작품들이나 시장성 높은 로판, BL 등의 장르는 이 모든 걸 포용하는 조아라로 많이 몰린다. 여성향 웹소설에서 가장 오래된 모태 사이트는 조아라라고 볼 수 있다. 조아라에 가입하여 무료 연재를 하다가 출판사의 컨택을 받은 작품은 대부분 유료 플랫폼인 카카오페이지(로맨스판타지)나 리디북스

(BL, 19금), 시리즈(로맨스판타지, 로맨스)로 빠진다.

무료 연재를 올릴 때는 가급적 여러 사이트에 동시에 올리는 것이 조금이라도 더 노출시킬 수 있는 방법이 맞다. 특히 조아라의 경우 현대로맨스는 약세이기 때문에 가급적 네이버, 로망띠끄 등에 함께 연재하는 것을 권하기는 한다. 하지만 열 곳, 스무 곳의 사이트에 동시 연재를 할 필요까지는 없다. 이쯤 되면 노력 대비 효율이 현저하게 떨어진다. 왜냐면 출판사들도 기본적으로 가장 큰 풀로 몰리기 때문. 연기자를 뽑는 회사가 지망생들을 찾아 전국 순회를 하진 않지 않겠는가. 그러므로 장르에 따른 차이는 어느 정도 있을지언정, 기본적으론 이 두 곳을 메인으로 보면 되겠다.

2) 준비물은 원고와 전략

연재에 들어가기 전에 너무나 당연한 준비물이 있다면 바로 원고다. 그리고 하나가 더 있다. 바로 올리는 방법, 그러니까 전략이다.

무슨 전략이랄 것까지 필요하냐고? 나도 그 말에 동의하고 싶지만, 안타깝게도 전략적인 접근이라는 것이 분명히 존재한다. 흔히 SNS에서 콘텐츠를 올릴 때 나름대로 치밀한 전법이 있다는 것을 아는 사람들은 알 것이다. 출퇴근 시간대에 포스팅을 한다거나, 소위 어그로가 끌리는 제목을 쓴다거나 하는 것들이 그것이다. 그리고 장르소설판도 놀랍도록 이와 비슷하다.

아주 간단하게 정리하자면 사람들이 제일 많이 볼 시간대에, 가급적 경쟁을 피해서, 혹은 시스템의 데이터 초기화 타이밍에 맞춰서, 가급적 시선을 끄는 제목과 방법으로 올리는 것이다.

네이버 챌린지리그에서 좋은 성적을 내면 베스트리그로 올라갈 수가 있고, 조아라의 경우 좋은 성적을 내면 투데이베스트에 진입할 수가 있다.

네이버 베스트리그(베리그)에 올랐을 경우 당연히 챌린지 때보다 컨택받을 확률이 높아지고, 특히 조아라의 투데이베스트(투베)에 올랐을 경우에는 본격적으로 여기저기서 컨택이 들어오게 된다. 순위에 따른 차이가 있기는 하지만 첫 페이지 내에 든다면 더할 나위 없다.

3) 연재할 분량 준비

그럼 순서대로 알아보자. 우선 원고를 어느 정도 준비해야 할까?

원고는 내가 쓰고자 하는 장르에 따라 조금씩 다르지만, 포괄적으로 20편 이상은 준비하는 걸 기준으로 제시하겠다. 보통 유료 연재 시장에서 한 편의 글자 수는 5500자 내외. 그보다 적은 경우도, 그보다 많은 경우도 있지만 통상 그 범위에서 크게 벗어나지 않는다.

그러나 여기서 함정. 우리는 무료 연재를 할 것이기 때문에, 유료 연재 기준 글자 수를 꼭 맞출 필요는 없다. 가급적 편 수를 늘려서 여러 편으로 보이게 하는 것이 효율을 따졌을 때 더 유리하다는 뜻이다. 그러니 한 편당 5500자를 꽉꽉 눌러서 채울 필요는 없다.

물론 글자 수가 많을수록 가산점이 붙고, 독자들도 너무 짧은 것은 좋아하지 않기 때문에 최소한의 기준만 맞추는 것보다는 조금 더 여유롭게 채우는 것이 추세이긴 하다. 그러니 도전하려는 시기의 투베 성공 작품들을 확인하여 편당 kb 수를 체크하는 것도 좋겠다. (조아라의 경우, 작품 쓰기로 들어가 글자를 입력하면 바로 kb로 환산이 된다. 업로드하지 않더라도 체크 가능하므로 참고하도록 하자.)

4) 성공을 위한 연재 공식

그럼 이 20편 이상의 원고로 뭘 하느냐.

먼저 국민 사이트 네이버의 챌린지를 기준으로 하자면, 저자가 알기로 이렇다 할 공식이 나온 적은 없다. 다만 가장 많이 힘을 얻고 있는 의견은 매일매일 성실 연재를 하는 것이 가장 좋은 방법이라는 것, 가급적 자정 땡! 하고 올리는 것이 유리하다는 것 정도다.

그러니 20편을 써 두었다면 매일매일 연재를 올리는 동안 21화 이후의 세이브 원고도 계속해서 쓰고 있어야 한다. 여유가 된다면 되는 만큼 자주 올리면 좋다. 물론 현실에 치여 그럴 짬이 나지 않는다면, 다소 띄엄띄엄 연재하더라도 최소한의 비축분을 유지하면서 페이스를 이어 가도록 하자. 독자들을 무작정 기다리게 하는 것은 좋은 방법이 아니다.

그나마 구체적인 기준이 있는 쪽은 조아라인데, 조아라는 투베에 오르기 위해서 최소 분량 20편이 되어야 한다. 즉, 19편까지는 투베에 오를 수 없다는 뜻이다. 따라서 대부분의 작가들이 20편을 기준점으로 내달리다가, 20편 이후에 소위 굳히기라고 불리는 연참(쉬지 않고 연이어 연재하는 것)에 들어가기도 한다.

조아라에는 이전부터 작가들 사이에서 '투데이베스트의 마법'이라고 불리는 연재 공식이 있었는데, 현재는 20화를 기준점으로 여러 화를 한 번에 올리는 것이 공식의 골자이다. 예를 들어 14편까지는 하루에 한두 편씩 연재했다면, 15~20화 정도까지는 날 잡아 한 번에 올리는 식이다. 물론 편차가 있기 때문에 10~20화를 한 번에 올리는 경우가 있는가 하면 17~20화를 올리는 경우도, 17~22화를 올리는 경우도 있다. 이 공식이란 건 SNS와 마찬가지로 플랫폼의 정책에 따라 늘 바뀌므로, 연재를 올리려는 그 시점에 투베에 오른 작품들을 참고해서 기준을 잡는 것을 권한다.

투베 작품들 편 수가 올라온 날짜를 역으로 계산해보면 어느 시점에 몇 편을 올렸는지 대략적인 통계치를 얻을 수 있다. 선수필승(先手必勝)!

눈에 띄게 해줄 연재 3요소

1) 예고편은 마케팅이다

이제 대략적인 연재 전략까지 알아보았다. 당장이라도 연재처에 글을 올리고 싶어 어깨가 들썩일지도 모르겠다. 하지만 아직, 더 준비해야 할 것이 남았다. 바로 내 작품을 포장할 3가지의 요소. 제목, 소개 글, 표지가 그것이다.

간단하게 생각해보자. 우리가 무언가 상품을 살 때, 무엇을 보고 사는가? 주로 상세 페이지를 제일 먼저 보게 된다. 그럼 그 전에는? 혹하는 상품 제목이나 한 줄의 캐치프레이즈에 끌려서 클릭하게 되는 경우도 많다. SNS 광고도 크게 다르지 않다. 뭔가 이 상품을 사면 대단한 효과가 있을 것 같은 광고에 혹해서 상품을 사게 되는 일은 누구나 한두 번쯤 겪어 봤을 것이다.

왜 이런 이야기를 하냐면, 웹소설판에서 작품의 제목과 소개 글이 바로 그런 역할을 하기 때문이다. 아주 명확하게 정의할 수 있다. 제목과 소개 글은 정말 단순히 작품의 정체성, 친절한 설명 글 같은 것이 아니다. 내 작품에 대한 광고이자 마케팅이다. 영화의 예고편과도 같다.

이런 이야기를 하는 이유는 명확한 포커스를 잡고 들어가야 승률이 높아지기 때문이다. 대부분 독자의 선택을 받는 작품은 '제목부터 눈길을 끄는' 경우가 많다. 제목 예선을 통과했다면 그 다음은 소개 글인데, 이 소개 글도 우습게 볼 것이 아니다. 왜냐면 무료 연재처까지 찾아와 글을 읽는 독자들은 대부분 내공이 심후하기 때문. 즉, 그들은 제목과 소개 글만 보고도 이 작품이 맛있는 냄새를 풍기는지 아닌지 어느 정도 판단을 내린다. 우리는 제목과 소개 글도 노력을 다해 지어야 한다. 그래야 웹소설이라는 서바이벌에서 조금이라도 더 기회를 잡을 수 있을 테니까.

그럼 다시 처음으로 돌아가서, 의문이 생길 것이다. 대체 어떻게 하면 제목을 잘 짓고 소개 글을 잘 쓸 수 있지? 사실 이 부분에서 의외로 고민하는 수강생들을 굉장히 많이 보았다. 그리고 저자가 내놓는 답은 늘 비슷하다.

답은, 시장에 있다. 우리는 웹소설판에서 어쨌거나 후발 주자이고, 이미 무료 연재처나 유료 플랫폼 할 것 없이 잘나가는 작품들이 어마어마하게 포진해 있다. 그렇다면 어렵게 생각할 필요가 없다. 그 작품들을 기준으로 삼으면 된다.

2) 제목. 소개 글. 표지

2-1) 제목

우선 제목부터 보자. 소개팅으로 치면 외모에 해당한다고 볼 수 있겠다. 면접의 예선이기도 하다. 이 예선을 통과해야 독자들에게 읽힐 기회를 얻게 된다.

제목을 어떻게 지어야 할지 고심하는 경우를 굉장히 많이 보는데, 답은 자신이 가고자 하는 목표 플랫폼에 있다. 내 작품이 전연령 로판이고 카카오를 목표로 한다면 당연히 카카오를 기준으로 참고하면 된다. 반대로 19금 현대로맨스라면, 리디북스의 잘나가는 작품들을 참고하면 될 것이다.

내 작품이 로판이고 카카오를 목표로 한다고 가정할 때, 내 작품의 주요 키워드로 접근을 해보자. 악녀가 나오는가? 딸바보 아빠가 가장 중요한 소재인가? 아니면 여주가 성공해서 가주가 되는 스토리인가? 그도 아니라면, 어릴 적 상처를 가진 철혈의 공작이 여주를 만나 치유되는 이야기인가? 작품마다 중심 키워드라고 부를 만한 것들이 보통 한두 가지는 있다. 예시에서는 악녀, 아빠, 가주, 철혈, 치유 등이 그것이다. 그럼 이 키워드를 비슷하게 차용하고 있는 제목들을 대략 10개 정도 꼽아 보는 것이다. 그 제목들을 참고하여 내 작품에 맞는 단어의 조합이나 문장을 찾아내면 된다.

그러나 그 전에, 내 작품에 대한 한 줄의 캐치프레이즈는 있어야 한다. 이 한 줄은 내 작품의 정체성이다. 그리고 동시에 독자들이 가장 읽고 싶어 할 '이야기의 포인트'도 담고 있어야만 한다. 어려운가? 연습을 해보자. 핵심은 이 제목을 딱 들었을 때 어떤 이야기인지 대략적인 추측이 가능해야 한다는 것이다.

지금까지 들었던 예시 중에, BL 작품을 가져와 보자. 인어인 수와 그를 지켜보던 공을 끌고 와 보겠다(제 5장 '뼈대 세우기' 157p 참조). 이 이야기를 한 줄로 설명해 보라고 한다면, 우선 줄거리로 접근해야 한다.

'어느 날 몸에 비늘이 돋아난 수에게, 비늘이 없어지는 연고를 준 정체불명의 남자. 알고 보니 수는 인어였고 기억을 잃은 것이었는데, 정작 사랑하던 인간에게는 버림받았고 결국 자신을 지켜보던 남자에게 구원받는다.'라고 요약해보겠다. 여기서 키워드는 '인어' '구원' '정체불명' '협박' 정도다. 그럼 이 키워드들로 스토리의 맥이 짐작 가는 조합을 만들어 보자.

> **직관적인 가제**
>
> 인어 왕자 / 어느 날 갑자기 / 협박을 받고 있습니다 / 피쉬 트랩
>
> **멋과 은유를 섞은 가제**
>
> 무대 뒤의 남자 / 이타적 협박 / 필연적 우연 / 가면 쓴 구원

제목을 보았을 때 어떤 이야기를 상상하게 되는가, 여기에 핵심이 있다. 이 부분을 잘 쥐고 제목을 정해보자.

2-2) 소개 글

소개 글도 사실 제목의 연장선상이다. 소개 글을 어떻게 써야 할지 모르겠다, 너무 어렵다는 이야기를 종종 듣는데 어려워하지 않아도 된다. 그냥 내가 목표로 하는 플랫폼에서 잘나가는 작품들의 소개 글을 참고하면 되기 때문이다.

이 소개 글에도 핵심이 있는데, 아주 간단하다. 독자들에게 당근 역할을 할 것. 요는 <mark>내 이야기의 가장 기대되고 재미있는 포인트를 미리 티를 내는 거라고 생각하면 된다.</mark> 최대한 열심히 냄새를 풍겨야 독자들이 아, 저 당근 맛있을 것 같다! 하고 본문을 클릭하게 되는 것이다.

간략한 틀을 제시해 본다면 첫 줄엔 핵심 키워드, 3~4줄 정도는 여주의 상황에 대한 설명, 이후의 내용은 가급적 중요한 순간의 대사를 곁들여서, 썸이 막 시작되려는 순간 혹은 남주가 여주에게 결정적인 거래를 제안하는 순간 등을 가져온다.

여기서 <mark>핵심은 '결말'을 가져오는 게 아니라는 것.</mark> 영화로 치면 예고편에 엔딩을 보여주는 영화는 없지 않은가. 그러나 이 영화가 재미있다는 것은 온갖 극적인 장면으로 표현한다. 그것과 마찬가지라고 보면 된다. 로맨스의 특성상 제일 기대되게 만드는 타이밍은 보통 사랑의 완성이 아

닌, 사랑으로 막 이어지려는 그 순간이다. 그게 보이는 부분의 대사, 장면을 가져와 간략하게 요약해주면 훌륭한 소개 글이 된다.

제목에 이어 같은 예시를 가져와 보자. 이 경우는 추리극이 가미된 BL이라 어느 정도 반전의 여지를 남겨 둬야 하므로, 호기심이 가장 동할 만한 지점을 가져와 보겠다.

> **소개 글의 예**
>
> #로맨스릴러 #복흑공 #집착공 #다정공 #굴림수 #소심수 #미인수
>
> 어느 날 갑자기 몸에 비늘이 돋아나기 시작했다. 점점 퍼져 나가는 비늘에 전전긍긍하고 있을 때, 웬 남자가 찾아왔다.
> "비늘을 없애고 싶으면 날 찾아와."
> 그가 주고 간 연고를 바르자 신기하게도 비늘이 사라진다. 연고를 받기 위해 매주 그를 만나게 되었다.
>
> 한데 그의 태도가 점점 더 이상하다.
> "약을 그만 발라도 된다면… 어떻게 할 건가."
>
> 내 몸의 비늘과 그는 대체 무슨 관계일까.

이렇게 소개 글을 짜면 이야기가 어떻게 시작되는지, 가장 기대할 만한 포인트가 어디인지, 이 두 가지가 한눈에 보인다. 이 두 가지를 놓치지 말고 소개 글을 쓰도록 하자.

2-3) 표지

무료 연재라고는 하나 표지가 있으면 눈에 더 띄는 것은 당연지사. 가급

적이면 예쁜 표지를 거는 게 좋다는 건 모두가 알 것이다. 이 표지를 만드는 방법에는 크게 두 가지가 있다.

< 표지 만드는 방법 >

1. 무료 이미지를 다운받아 텍스트를 올리는 것
2. 일러스트레이터에게 의뢰하여 그림을 받는 것

흔히 이미지 표지라고 불리는 첫 번째의 경우, 픽사베이 등의 무료 이미지 사이트에서 다운받아 쓰면 된다. 연재처에서 자체적으로 제공하는 이미지를 써도 되지만, 조금이라도 눈에 더 띄고 싶다면 가급적 남들과는 다른 표지를 쓰도록 하자. 물론 이 경우 저작권 이용에 대해 확인하는 것은 필수이다.

이미지에 제목을 올리는 방법은 다양한데 포토샵, 그림판은 물론이고 요즘은 관련 앱도 상당히 잘 나오는 추세다. 나에게 맞는 방법을 찾아서 표지를 만들도록 하자.

추천 사이트

크몽	https://kmong.com/?service_type=MARKET
방사	https://cafe.naver.com/bscomic
트위터	https://twitter.com
픽사베이	https://pixabay.com

일러스트를 의뢰하고 싶다면, 비교적 풀이 넓은 곳은 트위터라고 보면 된다. 트위터에 들어가 '커미션'으로 검색을 하면 상업용 표지가 아닌, 개인 연재용 표지 작업을 하는 일러스트레이터를 찾을 수 있다. 마음에 드

는 일러스트가 있다면 가격과 기간 등을 알아보고 의뢰하면 된다. 또 '방사'라는 카페에서 찾거나 의뢰 글을 올리는 방법도 있다. 많은 출판사들이 표지 작가를 찾을 때 이곳에 글을 올리곤 한다.

마지막으로 크몽이라는 프리랜서 사이트를 이용하는 것. 가입만 하면 바로 이용할 수 있는 재능 거래 사이트로 온갖 재능이 판매되는 곳이다. 크몽에 일러스트를 검색하여 마음에 드는 분에게 의뢰를 맡기면 된다.

더불어 이곳은 캘리그라피, 디자인 작업 등을 하는 사람들도 많기 때문에 이미지 표지를 만들고 싶거나, 아니면 제목을 좀 멋들어지게 뽑고 싶다면 그쪽으로도 활용하기 좋다. 결과물이 마음에 들지 않거나 수정을 하고 싶은 경우 최종 OK를 하지 않는 한 상대방에게 돈이 넘어가지 않기 때문에 마음 편하게 의뢰를 맡길 수 있다. 그래도 판매자별 주의사항 등은 꼭 잘 읽어 보고 의뢰할 것!

Stella

로맨스 웹소설 현직 편집자의 코치

커미션 일러스트와 상업용 일러스트의 차이는, 기본적으로 상업적 이용이 가능한가 아닌가에 있다. 출판사에서 정식 의뢰하는 일러스트는 출판사가 저작권을 양도받는 것이므로 가격이 더 비싸고, 커미션은 저작권이 일러스트레이터에게 그대로 있기 때문에 가격이 더 저렴하다.

이 부분을 잘 알고 의뢰하도록 하자. 전반적으로 커미션보다 상업용 일러스트가 퀄리티가 높은 편이지만, 반대로 생각하면 커미션에도 진주 같은 일러스트레이터들이 있다는 의미다. 숨은 실력자를 잘 찾아보도록 하자.

Stella
로맨스 웹소설 현직 편집자의 코치

일러스트를 의뢰할 때는 대충 얘기하면 알아서 잘해 주시겠지~ 이렇게 생각하지 말고 최대한 세세하게 문서를 작성하여 의뢰하도록 하자. 맡기려는 일러스트레이터가 잘 쓰는 분위기나 색채 등도 미리 감안하여 의뢰하면 좋다. 이 부분은 정식 출간 계약 이후 출판사를 끼고 표지 의뢰를 하게 되는 경우에도 마찬가지다.

가장 중요한 건 인물들의 특성이나 분위기에 대해서 전달하는 것이다. 해당 인물들의 외모, 자세, 표정과 더불어 대략적인 캐릭터 서사를 곁들이면 더욱 좋다. 일러스트레이터가 작중 인물을 이해하고 작업하게 되면 훨씬 생동감 있는 표지가 탄생하게 된다.

> 핵심은 이 제목을 딱 들었을 때
> 어떤 이야기인지 대략적인 추측이 가능해야 한다는 것이다.
> 내 작품에 대한 한 줄의 캐치프레이즈는 있어야 한다.
> 이 한 줄은 내 작품의 정체성이다.

연재 시 주의 사항

1) 성인판 글은 노블레스로!

조아라의 경우 19금도 쓸 수 있는 사이트이기 때문에, 일반란과 성인란이 구분되어 있다. 이 노블레스란 19금용 정액제를 말한다. 독자가 일정 금액을 내면 한 달 동안 무제한으로 노블레스의 글들을 볼 수 있는 것이다. 만약 내 작품이 19금이거나, 중간에 19금이 들어가는 장면이 나온다면 반드시 노블레스 연재란을 따로 만들도록 하자.

물론 유료인 만큼 일반란보다 독자 수가 확연하게 적다. 무료 독자 수가 훨씬 많은 것은 너무도 당연한 사실. 우리의 목표는 최대한 작품이 노출되어 컨택이 오게 하는 것이므로 가급적이면 노블레스만 고집하는 것보다는, 일반란에도 올리고 노블레스에도 19금 버전으로 올리는 것이 훨씬 좋은 방법이다.

2) 댓글에 너무 연연할 필요 없다

수십 개의 응원과 칭찬 댓글이 있어도 악플 하나에 무너지는 것이 사람 마음이다. 꼭 악플이 아니더라도 냉담하고 비관적인 댓글은 당연히 상처가 될 수 있다. 그러나 중요한 건 너무 귀담아 듣다가 내 작품이 산으로 가는 것만은 막아야 한다는 것이다.

이런 부분은 음식점과 마찬가지로, 손님의 대부분은 별다른 말 없이 음식을 즐기고 자리를 떠난다. 몇몇 아주 맘에 안 드는 부분이 있었거나, 반대로 너무 좋았던 손님이 글을 남긴다. 웹소설도 크게 다르지 않다. 대다수가 별다른 생각 없이 작품을 즐기고 있을 확률이 높다는 뜻이다.

이 경우 그런 비판 댓글이 많은 수를 차지하는지, 그리고 다들 비슷한 이야기를 하는지에 중점을 두고 접근하도록 하자. 많은 댓글이 비슷한 이야기를 하는 경우에는 그게 시장적인 독자 선호도일 가능성이 있다. 즉, 객관적인 의견일 가능성이 높다는 뜻이다.

그럼에도 내 작품은 내 것이기 때문에 참고하는 정도로 충분하다. 사공이 많으면 배가 산으로 가고, 모든 사람의 입맛을 맞추려다간 혼합 짬뽕탕이 된다. 필요한 만큼만 귀를 열어 두되, 너무 스트레스 받는다면 댓글 창을 닫아도 큰 문제는 없다. 중요한 건 나의 기준을 잘 쥐고 가는 것이다.

3) 분량 조절과 완결에 대해

각 장르별로 어느 정도 요구되는 기본 분량이 있는 것은 사실이다. 하지만 처음으로 작품을 써보는 것이라면, 너무 욕심내서 장편을 기획하는 것은 그리 추천하지 않는다. 경험해 보지 않았다면 아직 미지의 영역이기 때문이다.

욕심껏 100화, 200화에 다다르는 분량을 기획했다가 반도 가기 전에 지쳐 나가떨어지는 경우도 많다. 그러나 웹소설은 냉정하게 하나의 상품이다. 그리고 완결이 되지 않은 웹소설은 상품이 될 수 없다. 그럼 그동안의 수많은 노고를 하늘에 흩날리는 결과가 되어 버린다.

여기에는 두 가지 방법이 있다. 하나는 욕심을 버리고 무조건 완결을 목표로 간결하게 스토리를 짜는 것. 또 하나는, 어떤 식으로든 전개를 더 풀어 나갈 수 있을 만한 소재를 사용하는 것이다. <드래곤볼>에서 손오공이 계속 새로운 적을 만나고 계속 레벨업을 하듯이, 끝없이 이어지는 소재를 활용하는 것이다. 약간의 옴니버스 형식을 띠는 것도 방법이 될 수 있다. 물론 이 경우도 스토리를 풀어 나가는 내공을 어느 정도 필요로 한다.

4) 플랫폼으로 옮겨 갈 땐 예의를 지킬 것

연재 사이트에서 플랫폼으로 옮겨 갈 때 기존 무료 독자들의 원성을 사는 경우가 있다. 처음부터 계약된 작품을 반응만 얻기 위해 연재한다거나, 무료 독자들을 이용하는 느낌을 준 경우가 그렇다. 그리고 보통 무료 연재처에서의 반응과 성적이 어느 정도는 유료 플랫폼으로 이어지기도 하기 때문에, 최대한 원성을 듣지 않는 편이 좋다. 새 작품을 쓸 때 다시 무료 연재처로 돌아올 확률이 높기 때문이기도 하다.

처음부터 계약된 작품이라면 가급적 계약작이라는 것을 명시하거나 출간 문의를 받지 않는다고 하고, 중간에 플랫폼으로 옮겨 가게 될 경우는 예의를 지켜서 무료 독자들이 섭섭하지 않게 공지를 쓰도록 하자.

5) 표절 시비? 불펌?

표절 시비가 생길까 봐 걱정하는 경우도 굉장히 많이 보았다. 혹은 불펌을 해 가면 어떡하나 하는 경우도 마찬가지.

우선 단적으로 말하자면 표절이란 법적으로 본문을 복사, 붙여넣기 하지 않은 이상은 인정되기 쉽지 않다. 그렇다면 표절 시비의 핵심은 도의적인 것, 더불어 여론이라고 할 수 있다. 진짜로 표절을 한 건 아니지만 지나치게 흡사한 점이 많거나 한 경우 표절 시비가 생길 수 있는데, 만약 출간 계약을 한 작품이라면 출판사와 함께 대응을 하면 된다. 하지만 그게 아닌 경우라면 언급된 작품의 작가와 먼저 긴밀하게 이야기를 나눈 후, 이야기를 정리하여 공지하는 것이 통상적인 해결 방법이다. 정말 표절한 것이 아니라면, 지레 겁먹지 말고 당당해지도록 하자.

불펌의 경우에 가장 걱정하는 것은 불펌으로 인해 내 작품의 판매도가 낮아지면 어쩌나, 하는 부분일 것이다. 저자가 겪어 온 경험상으로, 불펌러들은 기본적으로 돈을 내고 문화를 향유하는 이들이 아니었기에 불펌으로 인해 작품에 눈에 띄는 타격을 준다거나 했던 적은 없었다. 그러나 또 모를 일이고, 당연히 스트레스가 클 것이다.

출간 계약을 했다면 당연히 출판사와 그게 아니라면 해당 사이트 등에 직접적으로 제재를 가할 방법을 찾아야 한다. 만약 외국 사이트를 경유하고 있다면 잡기가 매우 어려워지므로 이 부분은 참고하도록 하자. 중요한 건 너무 스트레스 받지 않는 것!

컨택이 왔다면?

1) 기본적으로 알아야 할 계약 사항

컨택이 왔다면, 우선 알아야 할 것들이 있다. 계약서를 받아 보기 전에 미리 조율해야 하는 사항들이다.

첫 번째는 계약 조건, 즉 쉐어율이다. 쉐어율은 보통 작가7, 출판사3이 평균. 넓게는 6:4~8:2까지도 있다. 웬만해선 이 조건 안에서 계약하도록 하자.

두 번째는 계약 기간. 2~3년 정도를 보면 된다. 이 기간이란 독점 유통할 권한을 말하는 것으로, 그 기간 동안은 다른 출판사와 계약을 할 수 없다. 5년, 6년을 부른다면 꽤 긴 것이니 주의할 필요가 있다.

세 번째는 2차 저작권 관련 조항이다. 이 부분은 내 작품을 웹툰이나 드라마 등으로 제작할 경우, 말 그대로 2차로 창작하게 될 경우에 대한 원작자의 이익을 말하는 것이다. 통상 작가 5, 출판사 5이지만 2차 저작권을 확정 짓는 것이 영 찜찜하다면 별도의 추가 계약서를 작성하기로 합의 보는 것이 가장 무난하다.

2) 출판사, 브랜드의 성적을 확인하자

요즘은 커뮤니티가 많이 활성화 되어 있어서 검색해보면 일목요연하게 출판사와 브랜드가 정리되어 있기도 하다. 관련 글을 검색해서 찾아보는 것도 좋은 방법이고, 플랫폼에 들어가서 해당 출판사, 브랜드명을 검색해보는 것도 좋다.

포인트는 내가 쓴 장르와 해당 출판사의 출간작들 사이의 연결성이다. 즉, 내 작품과 비슷한 작품들을 원래 출판하던 곳인지, 잘 밀어 줬는지, 성적은 괜찮은 편인지 등을 보는 것이다.

이것은 다소 총체적인 문제인데, 보통 현대로맨스가 메인인 출판사는 아무래도 다른 장르보다 현대로맨스를 편집하는 법, 판매하는 법 등을 더 잘 알고 있을 확률이 높다. 그만큼 해당 장르의 메인 플랫폼과도 친숙한 관계일 것이다. 이런 요소요소들이 반영되어 작품의 성적에 영향을 끼친다. 그런데 덜컥 멋모르고 남성향을 메인으로 다루는 출판사와 계약하게 되면 그만큼의 케어를 기대하기는 힘들 것이다.

물론 어느 출판사와 계약하든 작품이 재미있으면 잘되는 것이 기본이기 때문에 출판사 자체가 어마무시한 곳이 아니고서는 그렇게까지 큰 차이가 나진 않으니 과한 걱정을 할 필요는 없다. 다만 가급적 내 작품의 장르, 더 세세하게는 집필 스타일과 맞는 출판사와 함께하는 것이 승률을 더 높일 만한 방법이라는 것.

3) 큰 곳 VS 신경 써 주는 곳

우선 단적으로 말하자면 큰 곳일수록 유리한 편인 것은 맞다. 왜냐면 그만큼 출판사의 파워가 강하기 때문. 하지만 이 부분은 작품 성적에 따라 조금씩 다를 수 있는데, 해당 출판사에서 어느 정도 신경을 써 줄 만한 성적이냐 아니냐에 따른 차이도 있기 때문이다.

예를 들어 연예인 지망생 A가 1~5등급 중에 3등급 정도 된다고 해보자. 이 연예인이 대형 기획사에 들어갔을 때 최고로 대우받을 확률은 그리 크지 않을 것이다. 대형에는 이미 1등급의 연예인, 혹은 지망생이 많을 것이기 때문이다. 그러나 중소 기획사에 들어갔을 경우에는 그보다 좋은 대우를 기대할 수 있다. 상대적으로 조금씩 달라질 수 있다는 뜻이다.

큰 곳이면서 내 작품에 신경도 많이 써 준다면 말할 것도 없이 최고지만, 아무리 큰 곳이라도 수십 작품 중의 하나 정도로만 신경을 써 준다면 상대적으로 푸쉬를 잘 받을 확률은 낮아진다. 그러니 가급적이면 규모가 크고 파워가 있는 곳을 우선으로 생각하되, 컨택이 왔을 때의 진정성, 작가 하나하나에게 얼마나 신경 써 주는 편인지 등을 잘 살펴보도록 하자.

4) 질문을 하는 건 죄가 되지 않는다

종종 처음 계약하게 되는 수강생들이 이것저것 물어보는 게 실례일까 고민하게 되는 상황을 보는데, 전혀 그러지 않아도 된다. 어쨌거나 출판사는 나와 비지니스를 하려는 것이고, 내 작품에 상품으로서의 가치가 있다고 판단하기 때문에 계약 의사를 밝힌 것이다. ==비지니스를 하기 전에 협상은 기본이다. 당연히 이것저것 물어봐도 된다. 다만 예의는 꼭 지키도록 하자.== 웹소설판은 좁고, 당연히 출판사나 플랫폼 사이에 흐르는 이야기들도 있다. 진상 작가라는 소문이 나서 내게 이득이 될 것은 없다. 계약할 것처럼 했다가 도망가거나, 계약서를 받아 놓고 계약을 무른다거나 하는 모습을 보이면 좋을 게 없다는 뜻이다.

컨택이 왔을 때 확인해야 할 계약 사항에 대해서는 1)에서 이야기했는데, 어느 플랫폼을 목표로 생각하고 있는지, 대략적으로 어느 정도 프로모션과 푸쉬를 해 줄 수 있을지를 함께 물어보는 것도 괜찮다. 다만 플랫폼에 입점시키는 것, 프로모션 등은 출판사의 권한이 아니고 해당 플랫폼에서

OK를 해줘야 가능한 영역이므로, 확답을 받을 수 있는 사항이 아니란 것을 알고 있도록 하자.

5) 표지를 지원해 주지 않는다면 고민해보자

표지는 기본적으로 출판사에서 해주는 마케팅의 일환이다. 그러나 요즘 고가로 의뢰받는 일러스트레이터들이 많아지면서 표지에 대한 제약이나 조건이 있는 경우가 있다. 특히 그 비용을 작가에게 부담시킨다거나 하는 경우 등이 그렇다.

저자의 입장에서는 상한선은 그럴 수도 있다고 보이나, 작가에게 부담을 시키는 것이 기본 조항이라면 심사숙고하는 것을 권하고 싶다. 표지값이 많이 부담될 정도의 출판사라면 영세할 확률이 높고, 그런 경우 아무래도 내 작품에 대한 푸쉬나 판매도와도 연결될 확률이 높으니까.

6) 출간 프로세스는 이렇다

모든 사전 점검을 마치고 출간 계약을 했다면, 이후에는 출간하기까지의 과정이 남았다. 사실 여기서부터가 본격적이다.

우선 원고는 비축분을 최대한 많이 쌓아야 한다. 가급적 완결에 가깝도록 여유롭게. 단권 시장에 들어간다면, 외전은 나중에 작업하더라도 본편은 완결고까지 넘겨야 하고, 연재 시장에 들어간다면 플랫폼의 요구 분량보다 꽤 넉넉한 분량을 준비해야 할 것이다. 연재가 오픈된 다음부터는 하늘이 무너져도 마감일을 지켜야 하니까.

근래 연재 시장에 '용두사미'라는 단어가 종종 쓰이는데 이 역시 그 살벌한 연재 시장 스케줄과 무관하지 않다. 특히 조금이라도 더 노출도를 올리기 위해 주 3~4일 연재가 아닌 매일 연재를 하게 된다면 더더욱 힘들어진다. 그러다가 비축분이 똑 떨어지는 날이 오면 그야말로 서바이벌,

살얼음판이 된다.

실시간 유료 연재는 기성 작가들도 힘들어하는 굉장한 고난도의 스케줄이다. 가급적이면 그 실시간이 닥쳐오지 않도록 조금이라도 시간이 있을 때 미리미리 작업을 해 두도록 하자.

원고를 출판사에 넘기면, 내용 수정이 필요할 경우 리뷰를 받아 볼 수 있다. 이 과정은 그야말로 천차만별인데 작품의 완성도와 시장 친화도에 따라 여러 번 수정을 하게 될 수도, 별다른 수정 없이 바로 OK가 될 수도 있다.

이후에는 윤문과 다듬기, 교정 교열 등을 통해 원고의 완성도를 높이는 작업을 거친다. 리뷰 작업과 윤문, 교정 등은 보통 담당 편집자와 함께하게 되는데, 가끔 작가 정신이 강해서 내 작품에 참견하는 것을 싫어하는 경우도 있다. 하지만 이것 하나는 기억하도록 하자. 담당 편집자는 내 작품이 가장 잘되길 바라는 사람 중의 하나라는 것.

물론 요구가 너무 과하거나 도저히 받아들일 수 없는 수정 방향이라면 꼭 들을 필요는 없다. 그러나 기본적으로 내 작품 잘되라고, 가급적 객관적인 방향에서 조언하는 것이란 점은 알고 있는 편이 좋다.

위의 과정 중에 표지 제작과 플랫폼 스케줄 조정을 하게 된다. 플랫폼 심사가 필요하다면 대략적인 기간을 언질해 줄 것이다. 보통 인기 많은 프로모션에 들어가려고 할수록 경쟁이 치열하고 심사가 오래 걸린다. 스케줄이 확정되면 그때까지 얼마큼의 분량을 준비해야 하는지가 정해진다. 이후는 마감까지 열심히 쓰고 다듬는 것이 전부다.

표지를 제작할 때는 출판사에서 대략적인 후보나 예시를 보여줄 것이다. 이미지(디자인) 표지이거나 일러스트 표지일 텐데, 맘에 드는 일러스트레이터나 디자인을 고르면 된다. 혹은 꼭 하고 싶은 특정 작업자가 있다면 출판사와 이야기해 보도록 하자. 너무 인기가 많아서 스케줄이 꽉 차 있다면 불발되는 경우도 종종 있으니 표지 의뢰는 최대한 일찍 넣는 것이 좋다.

의뢰를 넣기 전에 출판사에서 어떤 구도나 스타일 등을 원하는지 물어보는데, 이전에도 언급했지만 표지 설명은 최대한 자세하고 디테일하게 하도록 하자. TMI는 이럴 때 필요한 것이다.

지금까지 전반적인 출간 과정을 설명해 보았다. 경우에 따라 순서나 방식은 조금씩 다를 수 있다. 기본적으로 원고 분량을 쌓고 고치면서 플랫폼 심사도 넣고 표지 의뢰도 넣는 식이다. 뭐가 먼저든 크게 중요하지는 않다. 다만 뭐든지 일찍 준비해서 나쁠 건 없다.

8장

피가 되고 살이 되는 조언들

두고두고 피해야 할 함정

1) 어렸을 때 씽X빅 좀 하셨나 봐요

아이디어가 넘쳐서, 혹은 그냥 판타지에 욕심이 많아서 설정을 과도하게 이것저것 집어넣거나 세계관을 너무 방대하게 잡는 경우가 있다. 그러지 말자. 프로 작가들도 섣불리 도전하지 않는 영역이다.

특히 여러 종족이 한 세계관 안에 총 출동하거나, 마계 천계 등 온갖 세계가 다 나오는 경우. 성녀도 어디서 봤으니까 넣고. 마족은 멋있어 보이니까 넣고. 근데 짱 쎈 애가 있었음 좋겠으니까 드래곤도 넣고. 하는 경우가 있다. 제발 그러지 말자.

이것에 대해서 대략적인 기준을 잡아 보자면 종족은 2~3개까지, 비중 높은 메인 종족은 1개, 많아도 2개면 충분하다. 마녀, 마족, 천사, 악마, 정령, 요정, 신족, 뱀파이어를 한 세계관에 몽땅 때려 박지 말라는 뜻이다. 이 방대한 세계관을 대체 어떻게 풀어 나갈 것인가? 로맨스판타지의 세계관이 판타지를 차용한다고 해서 판타지 요소를 손 미끄러진 듯 쏟아부으면 당연히 정체불명의 결과물이 나온다.

남주와 여주, 공과 수의 직업, 배경 설정 등도 마찬가지다. 클리셰가 싫다고 해서 듣도 보도 못한 이상한 설정을 두셋 끼얹어 놓으면, 그 설정에 짓눌려 인물은 사라진다. 설정이라는 것은 완결성이 있어야 한다. 알

파에서 시작해 오메가에서 끝나야 하고, 박수를 쳐도 맞받아치는 대상이 있어야 한다. 이유 없이 넣은 설정들은 많으면 많을수록 혼합 짬뽕탕을 만들어낼 뿐이다.

<mark>기억하자. 설정은 그럴 만한 이유가 있는 것만 만들 것</mark>. 예를 들어 19금 로판을 쓰는데, 악마의 기력을 흡수해야만 살 수 있는 성녀라면? 설정에 이유가 아주 낭낭하다. 누가 봐도 19금 로판을 위한 설정이지 않은가? 이것은 일례일 뿐이지만, 세계관이나 설정 등은 이렇게 누가 봐도 '심심해서 그냥 넣어 본' 건 아니어야 한다.

그래도 꼭 다른 데서 쓰지 않는 독특한 세계관, 종족 등을 창조하고 싶다면 일목요연하게 설명할 수 있는 선까지만 짜도록 하자. 첫 작품이라면 더더욱 배가 산으로 가다 못해 하늘로 날아갈 수 있으니, 주의하도록!

2) 난 무조건 100화 이상 쓸 거야!

이 경우 주로 '연재 시장에 꼭 들어갈 거야!'라는 생각으로 작품을 시작한다. 연재 시장의 작가들이 부러웠을 수도, 자연스레 연재 시장만을 주로 봐 와서 그럴 수도 있다. 그러나 냉정하게 말해서 내가 장편을 쓸 수 있을지 없을지는 아직 모른다. <mark>이건 필력과는 상관이 없는 문제다. 정말 오로지, 써 봐야만 알 수 있다.</mark>

내 타입이 무엇인지, 호흡이 긴 편인지 짧은 편인지<mark>(보통 호흡이라 함은 속도감을 말한다)</mark>, 장단점은 무엇인지, 내가 짠 글의 구조가 장편에 적합한지 단편에 적합한지, 내 인내심이 얼마나 되는지, 계속 텐션을 유지할 수 있는지 등.

한 작품 정도는 써 봐야 이런 요소들을 가늠할 수 있다. 내가 장편을 쓸 수 있는지 없는지의 문제도 있지만, 어떤 구도와 설정과 호흡이어야 장편까지 끌고 갈 수 있는지의 문제도 있다. 다시 한 번 말한다. 여러분이 봐 온 대박 작가라고 어릴 적부터 기깔난 스토리텔러로 타고나서 쓰자마자 200화씩 분량이 뽑히고 대박 터진 게 아니다. 그들도 모두 같은 과정을 거치며 그 위치에 올라갔다. 그걸 나 혼자 겪지 않고 건너뛰겠다는 건 욕심이 과하다.

그러니 욕심을 조금 내려놓고, 마음 급하게 먹지 말고, 첫 작품은 내 방향을 잡아 줄 작품이라 생각하면서 가급적 간결하고 알기 쉬운 구도로 너무 길지 않게 도전하도록 하자.

3) 임금님 귀는 당나귀 귀

독자들이 좋아할 것 같아서, 너무 억지스러울 것 같아서, 유행을 좀 쫓아가야 할 것 같아서, 반대로 유행에서 좀 벗어나 보이고 싶어서, 클리셰처럼 보일 것 같아서…. 기준이 '외부'에 있는 것은 일단 접어 둘 것. 완결을 내 본 적이 없다면 아직 내 스타일이 명확하게 잡히지도 않은 상황이다. 여기서 외부 기준을 차용하면 할수록 글이 산으로 가고, 짬뽕에 돈가스, 모밀면, 카레 소스까지 끼얹은 요리가 된다. 그렇게 헤매는 경우를 정말 많이 보았다.

제대로 작품을 쓰려고, 혹은 진짜 이번에야말로 인생을 건 작품을 써보려고 결심했다면, 전하고 싶은 이야기는 하나다.

가장 나다운 게 가장 잘 쓴 글이라는 것.

'가장 개인적인 것이 가장 창의적인 것'이라는 마틴 스콜세지의 말처럼, 웹소설도 맥이 크게 다르지 않다. 물론 장르소설은 상업 예술이고, 시장성을 무시할 수 없다. 그러나 여기까지 쫓아왔다면 모두 알 것이다. 이미 내 취향과 시장성에 일맥상통하는 부분이 있다는 것. 어떤 장르가 됐든

간에, 나는 해당 장르의 작품들을 좋아한다는 것. 그거면 충분하다. 그게 곧 시장성이니까.

쓰는 이유 역시 읽는 이유와 마찬가지로, '재미있어서'여야 한다. 작가는 내가 쓰고 싶은 걸 쓸 때 가장 재미있게 쓸 수 있다. 그럴 때야말로 작품 성적에 너무 스트레스 받지 않고 꾸준히 내 길을 갈 수 있게 되기 때문이다. 이건 '마의 구간'에도 해당한다. 여기에 빠져서 오래 길을 헤매는 경우가 정말, 정말 많다. 그리고 저자와의 상담 후 정말로 뭘 써야 하는지, 뭘 쓸 수 있는지를 알게 되어 길을 찾아가는 케이스도 많다. 그런 경우 대부분 처음 뼈대부터 잘못 잡기 때문에 기껏 열심히 쓴 장면들을 버릴 수밖에 없게 되기도 한다. 결국 길을 더 돌아가게 만드는 것이다.

그러니 가장 중요한 핵심, 내가 재미있게 쓸 수 있는 것이 최고의 시장성이라는 것. 다른 의견을 들을지 말지는 그 다음의 문제라는 것을 잊지 말자. 이것이 긴 항해 속에 길을 잃지 않고, 흔들리지 않을 가장 중요한 닻이 되어 주리라 믿는다.

> 사람의 몸을 이루는 것이 하나하나의 뼈와 근육, 장기이듯이,
> 소설은 하나하나의 장면이 모이고 모여서 전체 이야기를 이루는 것이다.
> 소설은, 이야기는,
> 기본적으로 '장면'을 단위로 구성되어 있다.

❝

내가 재미있게 쓸 수 있는 것이 최고의 시장성이라는 것.
다른 의견을 들을지 말지는 그 다음의 문제라는 것을 잊지 말자.
이것이 긴 항해 속에
길을 잃지 않고, 흔들리지 않을 가장 중요한 닻이 되어 주리라 믿는다.

❞

맺음말

세상을 1g 더 달콤하게

드디어 여기까지 왔다. 이 책을 여기까지 읽기만 한 것으로도 대단한 첫 발걸음이라 생각한다. 박수를 보낸다.

저자가 이 책을 쓰기 시작한 계기는 길을 헤매는 사람들을 많이 만나게 되었고, 방향을 묻는 사람들의 고민이 아주 다양했기 때문이다. 기본적으로 알고 있던 탄탄한 경험치 위에 수많은 수강생들의 피드백과 질문까지 더하여 이 책이 완성되었다. 이 자리를 빌어 착하고 예쁜(!) 수강생 분들께 감사의 인사를 전하고 싶다.

하고 싶은 이야기는 사실 단 하나다. 이 업계에 쭉 있어 오면서 체감한 단 한 가지의 진실은, 결국 좋아하는 것을 이길 사람이 없다는 것. 그리고 어떻게든 방법을 찾는 사람들은 결국엔 해내고 만다는 진리였다.

많은 수강생들이 헤매는 구간은 의외로 '내가 정말로 하고 싶은 이야기를 찾는 과정'이다. 지망생들은 물론이고 출간 경험이 있는 작가들도 시장성과 내 취향 사이에서 수백 수천의 고민을 거듭한다. 물론 이야기했듯 기본적인 시장성은 필요하고, 내가 즐겁게 읽은 작품이 많을수록 내 취향이 시장과 잘 맞는 것도 맞고, 그럴수록 유리한 것도 맞다. 그러나 로맨스를 즐겁게 보거나 읽은 적이 있다면, 지금 당장 머리를 스쳐 지나가는 몇 개의 드라마, 소설 등이 있다면. 누차 말했듯 우리에겐 이미, 저 깊이 내재된 로맨스 DNA가 있으니까.

너무 겁먹지 말고, 어렵게 생각하지 말고, 길을 가기를 바라는 마음이다. 그러자면 글을 쓰는 것이 즐거워야 하고, 또 그러자면 내가 정말 하고 싶은 이야기여야 한다. 쓰면서 즐거운 이야기여야 한다.

그러니 최소한의 시장성은 이미 내가 갖고 있어! 하는 자신감을 가지고, 무슨 이야기를 하고 싶은지, 지금까지 제시한 수많은 도구들로 찬찬히 조각해 보도록 하자. 급할 것 없다. 재미있는 이야기는 알려지게 되어 있으니까.

내 이야기를 할 수 있고, 내 이야기를 즐거워하며 들어 주는 사람들이 생긴다는 것. 좋아하는 것이 돈벌이가 되고, 나아가 직업이 되고, 자아실현의 수단이 된다는 것. 이 모든 것들이 작가를 꿈꾸는 한 명 한 명을 본격 작가로 만드는 데 일조하고, 그리고 세상을 조금 더 달콤하게 만드는 데에 1g쯤 도움이 되지 않을까 하는 바람이다. 우리가 읽어 온 수많은 이야기들 속 로맨스처럼.

부디 길을 헤매지 않고, 무사히 원하는 이야기를 할 수 있게 되길.

스텔라

tumblbug 후원자 명단

5지마	경숙	김희연	박베나
A	고준희	꽃베개	박서영
aspyn	고지은	나그네92	박예희
Cindy	구윤아	나나	박은혜
DAI	권민정	난새nansae145	박지연
Dase	권은혜	냥냥	박지영
DIN	김근숙	넬다	박진희
J	김다은	누누	박태진
J	김당근	다미	박하린
JeHyeok	김미진	달양	반다
KKH	김민정	도시탈출기린	밤하늘과
KYUL	김블루	도파민절임	방개호
LEE설렘	김세현	돌쇠	범정연
LV03_Johell	김소연	돌아오지않는 밤	별곰
Paz Lee	김스틸러	레이지	보라
PD되고싶은다정	김아영	로이나	보라미
sanye	김연주	로판써서 펜트하우스 사고 싶다	보리
sylee	김예원	루루	봄밤
TORINOONA	김예지	리리	봉보로봉봉
uran	김재희	마일	부자되게해주세요
ㄱㄹㄴ	김정민	메리엘	사탕
가금	김정연	무당벌레	삼일
가을잠	김지예	무릇	서서
강미혜	김진희	문미현	서은희
강선미	김태경	문지혜	서지언
강수빈	김태리	미림	석진이
강수지	김하정	미미밋	선영아사랑해
개나리반	김현지PYG	민양	섬별
갱	김혜림	민채연	성안
검은숲	김홍배	밀라	세렌디피티
겨울설탕	김홍주	박미지	센

후원해주신 모든 분께 감사드립니다.

소금	원	장정주	하나
소다린	유럽산찌르레기	재오열매	하루
소청	유미소	정봉봉	하루97
송유원	유수빈	정아연	하린
수수	유원	정원	하은
수혁러버	유채아	정유경	한수빈
슈꿍	유혜영	정채윤	한시은
신비	윤서진	조성은	한재휘
신연주	윤지혜	조셉	한혜원
쏘가리	윤	조영주	할뚜이따!
쏘히1004	은혁씨	조정애	해파리
쓰앵	이도화	조조도 후원하조	행나
ㅇㅊㄹ	이루다	주연경	허이진
아오하나	이메리	지안	혜담
아이스크림	이미소	진실	**홍솔**
안유나	이순원씨	진아영	**홍예빈**
앨리스	이옥강	찬란	**화이트**
앨리스	이유정	채경	**황보**
얀별	이은경	채희	**황희수**
언니의 순두부	이인영	청호월	**흰담비**
에샨	이재선	첼레스테	히바
여슬미	이정연	초코비	외 659명
예린	이주희	최로한	
오늘의 써니	이지희	최선희	
오렌지달	이현아	최유진	
오서하	이혜빈	카무스	
오현성	임서연	클러보	
옥작가	임수민	태린	
요코요코	임주희	토비	
우림	임주희	트리플수	
우진영	잠	폴랴